Horror Holic School
怪奇な図書室

ごまだんご
りっきぃ
TOMO／編

竹書房
怪談
文庫

ネットを席捲する怪談は、ネットの届かない所にある

はるか昔、平安時代以前より怪談のような話は語られてきた。

『今昔物語』にも怪談のような話は載っている。

『四谷怪談』『雨月物語』等の有名怪談というものも存在する。

そんな、古来より親しまれてきた怪談は、明治・大正・昭和・平成、時代を進むにつれて本やラジオ、テレビといった様々な形で伝播してきた。

そして現在――「令和」では、インターネットの電波に乗り日本中、いや、世界中を怪談が駆け回っている。


本書は、怪談収集サイト「ホラー ホリック スクール」から厳選された極上の怪談をまとめたものである。

アナログからデジタル。目で、耳で、脳内を駆け回る恐怖！

とくとご覧あれ。

目次

Pホテル

僕の知人のNさんから聞いた話。

Nさんは夫と息子二人と暮らす専業主婦だ。

その日は同じ神奈川県に住む自分の実家に帰省をしようとしていたが、予想外に時間が押してしまった。そのため、このまま行ったら母親に迷惑がかかると思い、実家に比較的近いPホテルに泊まることになった。

夜遅くにPホテルにチェックインをして、部屋に家族四人で入ると、疲れが溜まっていたのか、みなほどなくして寝入ってしまった。

それから何時間か経っただろうか、Nさんは何かの物音に気がついて目を覚ました。なんだろうと思いじっと聞いていたら、どうやらその音はベッドの横から聞こえてくる。

そのベッドの横にはシャワールームがある。

シャアアアアアアア……キュッキュッキュッキュ。

シャアアアアアアア……キュッキュッキュッキュ。


聞こえてくるのは、まるで誰かがシャワーを浴びている音だった。

（誰か起きてる？　アレかな？　夫が入ってんのかな？）

そう思い、ちらっと横のベッドを見たが夫はいびきをかいて寝ている。では子供か、と思って見るが、二人とも熟睡していた。

（じゃあ、誰？）

Ｎさんは思った。依然としてシャワーの音はするし、やがてペタペタという足音も聞こえてきた。

ペッタ、ペッタ、ペッタ、ペッタ。

（誰か部屋に入ってきたのかな？　どうしようどうしよう）

一気に怖くなってきたＮさんが夫を起こそうとした寸前、シャワールームから誰かが出てくる気配がした。

Ｎさんその時ハッと思い、咄嗟に目を閉じた。瞬間的に見てはいけないと思ったからだ。

シャワールームから出てくるペタ、ペタ、ペタ、ペタという足音。そのまま音は部屋の右のほうに抜けていった。そちらには窓がある。

すると、カチッという窓の鍵を開ける音が聞こえ、カラカラカラカラと窓ガラスが横に引かれた。開け放たれて夜風が吹き込んでくるのを感じる。

さらにベランダから、カチャカチャと音がしている。

どうやらベランダのフェンスに〈誰か〉が上がろうとしているようだ。

Nさんは、頑なに閉じていた目を薄く開けてみた。

すると〈誰か〉の背中が見えた。フェンスの手すりの上に乗ろうとしている。

見たこともない知らない人なので、いよいよ隣で寝ている夫を起こそうと思って「ねぇねぇ」と小声で囁きながら肩を揺らしたところ、すぐに反応があった。

「ひょっとして起きてる？」

「起きてるよ。あれだろ？　窓の人だろう？」

夫はどうやら目を開けてそちらを見ていたらしい。

「お前もちょっと見てみろよ」

そう言われたので、目をしっかり開けて見てみた。

ベランダの柵にいたのは、半透明になったおじいちゃんだった。

明らかにこの世の人ではない。

見ているうち、おじいちゃんは手すりの上に乗り、ピタッと動きを止めた。

夫婦揃ってベッドの上からその動きを見ていたら、おじいちゃんがバッと振り向いた。そして夫婦に向かってモゴモゴと何かを言ったと思ったら、向こう側へと背中から落ちてしまった。

(あ！　落ちちゃった！)

急に、窓際にあったテレビがついた。画面にはザーっと砂嵐が流れている。

Nさん夫妻は、パニックになって部屋から出なければと焦った。寝ている息子二人を夫が「起きろ起きろ」と無理やり起こすと、荷物も持たずにその部屋から飛び出し、フロントも無視して通り抜け、駐車場に停めてあった車に逃げ込んだ。

熟睡中に起こされた息子たちは、車に乗ったとたんすぐに寝息を立て始めたが、Nさん夫妻は先ほど見た光景が忘れられず、アレは何だったのか、幽霊だったのか、と話し合っていた。

それから何時間か経った頃、周囲も明るくなりそろそろ大丈夫そうな雰囲気になっていた。

部屋に戻り、荷造りをしてチェックアウトしなくてはならない。

息子二人を車内に眠らせたまま、Nさん夫妻だけで部屋に行った。

扉を恐る恐る開けたところ、風がビューと勢いよく顔に吹きつけた。やはり窓は昨日と同じように開いていた。

やっぱりあれは見間違いじゃなかったんだ、とNさん夫妻は思った。

「あのおじいさんはあの部屋で自殺をした人なんですかね？　そして今でもあそこで暮らしてるんですかね？」

そうNさんは言った。

踏切

僕が幼稚園児の時に実際に体験した話。

当時、僕は茨城県の水戸市に住んでいた。特徴的だったのは、市内でもとりわけ人身事故が多い踏切の近くのマンションに住んでいたことだ。

その踏切は日夜サイレンの音が鳴るほどに人身事故が多く、ニュース映像などでもたびたび映っていた。


ある日僕は、幼稚園に迎えに来てくれた母親と一緒に、手をつなぎながら帰路に就いていた。母親に、幼稚園で今日はこんなことがあったよ、なんて一生懸命話しながら歩いていた。

だんだんと住んでいるマンションが近づいてくる。

（お家に帰ったら、あのビデオ見たいなー）

そんなことを思いながら歩いていると、ちょうどマンションの目の前にある踏切がパッと目に入った。

すると、踏切の横、ゴミ捨て場になっている場所に人影が見えた。

女の子だ。

(なんだろう、あの子?)

そう思いじっと見ていたら、より詳しい部分が見えてきた。

歳でいうと小学二、三年生ぐらいだろうか。赤いスカートを穿き、白いシャツみたいな服を着て、おかっぱ頭。ちょうど、漫画に出てくる「ちびまる子ちゃん」にそっくりな格好をしている。

さらにその女の子をまじまじと見ていると、恐ろしいことに気がついた。

全身がバキバキに折れている。

あちこちの関節が、逆を向いていたり、外れてしまったりしている。足はガクガクになっていて、立っているのもやっとというようすだし、全身も擦《す》り傷だらけで血が出ているのか、シャツも真っ赤になっていた。

気持ち悪いと思いながらもまだ見ていたら、その女の子がこちらの視線に気がついたらしい。ずっと下を向いていたが、急にパッと顔を上げたのだ。

その顔も、また傷だらけであった。とくに口が酷《ひど》かった。

唇の端のほうが切断されていて、だらーんと顎《あご》に向けて垂れ下がっている。その形から、少し笑っているように見えた。

するとその女の子は、僕の方を見ながら「ふふふ」と肩を揺らした。

やはり笑っているのだ。

僕は、うわぁと思い、隣にいた母親の手を強く握って「お母さん怖い」と言った。しかし母親は「何が怖いの？　どうしたの？」とまったく要領を得ない。母親の位置からでも、その女の子は見えるはずなのだが、何も気づいてないようだ。

女の子の笑い声がだんだんと大きくなってきた。肩を揺らす動きも激しくなる。

僕の恐怖も限界になった。僕は母親から手を放すと、一目散にダッシュして、その子の真横を通ってマンションへと駆け込んで行った。後ろから母親が「どうしたの？　どうしたの？　待って待って待って」と追いかけてきた。

自分の家に入ると僕は「すごい怖かった」と震えていた。

「いやもう、どうしたの？　なんかあったの？」

母親は不思議な顔をして、なおも聞いてくる。どちらかと言えば、僕よりも母親のいた場所の方がその女の子に近かったのだ。

僕は女の子の特徴を説明したうえで「見えなかったの？」と聞いてみたが、母親は「全然見えなかった」らしい。

今にして思えば、僕の勘違いだったのかもしれない。しかし、脳裏に残っているほど強烈な光景であったので、やはり本物の幽霊だったのでは、とも考えている。

その踏切は今でもある。

時間ができたら久しぶりに行ってみたいが。その時にまた女の子に出会ってしまったら、僕はどういう顔でその女の子を見たらいいのだろうか。

それがちょっと不安でもある。

サークル合宿

これは私が大学生だった頃の話です。

私は当時テニスサークルに入っていて、そのサークルで夏に二泊三日の合宿に行きました。しかしテニスをするのは一日二時間ぐらいで、ほとんどがレクリエーションという名の遊びでした。

二日目の夜に、近くの森の中を二、三人のグループで回るという肝試しがありました。とは言っても、実際そこは心霊スポットというわけではなく、先輩がところどころで待ち構えていて、木の枝を揺らしたり変な声を出したりして後輩を脅かすといった恒例行事です。

二日目の昼食後、二年生だった私は、三年のA先輩と一緒にその肝試しのルートを下見に行きました。

一応、けもの道はあるものの周りは木々が生い茂っていて昼間でも薄暗く感じました。

あそこの岩の陰なら隠れられそうとか、あそこの木なら登れそうとか、待ち構えるスポットをいろいろ探しながらルートも中程に差し掛かった時。

A先輩が「あれ？　あそこに何かあるぞ」と指をさしました。

肝試しのルートから十メートルぐらい外れた森の中、A先輩が指をさしたその先は一ヶ所だけ太陽の光が差し込んでいて、そこに石を積み上げてできた小さなお墓のような祠《ほこら》のようなものがありました。

A先輩は「ちょっと行ってみようぜ」と草や枝を掻き分けながら進んでいきます。

私も先輩の後をついていきます。

近くで見るとそれは社でした。腰の高さほどの小さな社。

その社の扉の部分を覆い隠すように人間の頭ぐらいの大きさの石が、二列に四つずつ積み上げてあります。ところどころ苔が生えているその石は、長い間ずっとここにあったことを物語っています。

「これ絶対ヤバいやつですよ。早く戻りましょう」

私は怖かったので、早くこの場から逃げたかったのですがA先輩は、

「この石をどかしたら中が見えるからやってみよう」

と言って石を持ち上げ始めました。

私はその場にいるのが本当に怖くなったので、先輩を置いてさっき歩いていたけもの道まで急いで戻りました。

私が戻ったのと同時ぐらいにA先輩がこちらに向かって「うわー！」と叫びながら走ってきました。

その尋常じゃない姿を見て驚いた私は、今まで歩いてきた肝試しのルートを逆走し、みんながいるところに戻ろうとしました。

A先輩も私のすぐ後ろを走り追いかけてきます。

もうすぐで森を抜けるか抜けないかぐらいのところでA先輩に捕まり「見たよな？　お前も見たよな？」と聞かれました。

私は「石をどかすのは見ましたが中は見てないです」と答えました。

先輩の勢いが凄かったので「どうしたんですか、先輩？　中に何かあったんですか？」と聞くと、A先輩は怒ったような悲しいような、今までに見たことのない表情で「何も見てない」と言いました。

二人でみんなのところに戻りましたが、私と先輩のただならぬ雰囲気にその日の肝試しは中止になりました。

合宿が終わって一週間ぐらいしてもA先輩はサークルに顔を出しませんでした。

そこで、A先輩と仲の良いB先輩がアパートに訪ねていったということを聞いたので話

を聞くと、
「なんかあいつ、昼間は外に出たくないっていうんだよ。あと、毎晩おんなじ夢を見るんだって。白い着物を着て正座をしたおばあちゃんが、両手で目を塞いで前後にゆっくり揺れながら、かすれた声で『ひずぅしい……ひずぅしい……』ってずっと言ってるんだって」

先輩はあの合宿所近くの森で何を見たのでしょうか、

そして夢に出てくるという老婆の「ひずぅしい」という奇妙な言葉。

それからしばらくしてA先輩は大学を辞めたので、今となっては何もわかりません。

ネタ作り

僕の友人に構成作家がいます。

いつも芸人さん並みに面白い話をしてくれるのですが、その時はちょっと様子が違いました。

「ねぇちょっと聞いてくれる?」そう言いながら話し始めました。

お抱えの芸人のネタ作りなどにも参加することも構成作家の仕事ですが、ある漫才コンビのネタ作りの時の話だそうです。

そのコンビのツッコミの方が引っ越しをしたそうで、新しい部屋でネタ作りをすることになりました。

一階の角部屋、一〇一号室。明るい感じの綺麗な部屋でした。

ボケ担当の方がちょっと遅れるというので、友人をボケ役にして練習を開始しました。

だんだんと熱が入り、ちょっと声が大きくなり始めたところで、上の部屋から「ドンドン」と音がしました。

「ちょっとうるさかったかな？」と思ったのですが、まだ続けたそうです。

そしてまた、練習の声が大きくなると、

「ドンドン！」

さっきよりちょっと大きめに天井から聞こえました。

二人が「静かにやろう」と言っていたところに、ボケ担当が到着しました。

これまでの経緯を話すと、

「ここには芸人が住むってことをわからせてやらないといけない！　もっと大きい声でやろう！　これからもここでネタ合わせするんだから！」

と意味不明な発言をし、さらに声を大きくしながらネタ合わせをしました。

しかし、大きくなる声につれて「ドンドン」という音も大きくなってくる。そのうえに、怒鳴り声までも聞こえるようになりました。

ボケ担当も流石《さすが》に、これから相方が住んでいくのに隣人トラブルを起こすのは申し訳ないという気持ちになり、三人で上の部屋へ謝りに行くことにしました。

二〇一号室のドアの前。

「すみませ〜ん」と声をかけながらインターホンを押す。

反応はなし。ノックに加え、再度「すみませ～ん」と部屋の中に呼びかけた。

やはり反応がない。と思ったら、ブツブツ何かを言っているような声がする。

「……ね、……ね、し、…ね」

さらに耳を澄ますと、

「しねしねしねしねしねしねしねしねしね……」

と言っている。ボケ担当が「え？　死ねって言ってません？」と確認するかのように呼びかけると、

「死ねーーーーーーーー！」

部屋の中から大声で返されました。

これはヤバいやつだった！　と三人は慌てて下の階に戻り、ツッコミ担当が自分の部屋のドアを開けたとたん、

「すぐ部屋から出よう」

と言い出しました。そして残り二人を連れて、アパートから百メートルほど離れたところまで歩きました。「どうしたんだよ」という言葉に、突っ込み担当がひきつった顔をして言いました。

「戻った時、部屋の中に黒い人がいた」

「え？　そんなのいた？」

「多分、上の階のあいつだと思う。だってずっと……死ね死ね死ね死ね死ね死ね死ね死ね死ねって、同じ声で言ってた」

人間だったのか、幽霊だったのかわかりません。

自分たちが部屋に戻るより早く、階下の部屋まで行けるのだろうか？　と構成作家の友人は不思議がっていました。

何よりその後、不動産屋へ行って事の経緯を話したら、

「芸人さんだからって冗談言わないでくださいよ～。二〇一号室、誰も住んでませんよ～」

と言われたそうです。

傍から聞けば明らかに幽霊でしょ！　と思いましたが、本人は「どっちかわからない」

と首をひねります。

実際に怪異を体験するとそうなるのかなと思った話でした。

向こうからの呼び声

葬儀屋に勤めていたSさんから聞いた話だ。

Sさんはその日、セレモニーホールで一家族の葬儀を担当していたという。

故人のご遺体を先に預かり、遺族の方々は後から合流するという形になっており、他の女性スタッフと共にホールの事務所で待機していた。

遺族がいつ来られてもいいようにと、Sさんは事務所にある監視カメラの映像でホールの入り口を見ながら、ぼーっと待っていた。

すると突然「おぉーい」と誰かが呼ぶような声が聞こえたという。

妙に抑揚のついた男性の低い声だったが、その時のスタッフは皆女性であったし、遺族の誰かがもう来たのかな、と思った。

だが、監視カメラの映像では誰も入り口にはいない。

もしかして従業員用の裏口から入ってこられたのかな、と思い、裏口を確認しに行った。

しかし、裏口はおろか、隣にある事務所の炊事場にも誰も来ていなかった。

不思議に思い、事務所へ戻ろうとすると気づいたことがあった。

声が聞こえたのは炊事場ではなく、廊下を挟んだ向かいにある故人のご遺体が安置されている部屋の方からだった。

まさかな……と思ったが、少し寒気を感じたSさんは急いで事務所へと戻ったという。


それからしばらく後、葬儀も無事に執り行われ、いよいよ火葬場へと向かった時のこと。

火葬場では葬儀社ではなく職員さんに任せるため、Sさんがホールへと戻ろうとした時、上司から着信があった。

が、何故かとぎれとぎれで何も聞き取れず、まるで電波状況が悪いような電話だった。

火葬場は別に山の中にあるわけでもない。町の中の大通りから少し外れた川沿いの先という、少し先にはスーパーもあるような場所であるので、変だなと思った。

まともに聞き取れず慌てたSさんは、少し待ってもらうようにだけ伝え、車に飛び乗って道へと出た。

するといきなり先程までの状態が嘘だったかのように、上司の声が鮮明に聞こえた。

「あなた、今一人?」

Sさんは「はい一人です」と答える。

すると、普段とは違う何やら緊張したような声色で「早く帰ってこい」とだけ言われ、電話は切られた。

何か粗相《そそう》でもしたのか、もしくは嫌な小言を言われるのだろうか、と重い足取りでSさんは、そのまま事務所へと戻った。

事務所へ戻るなり「私の声はちゃんと聞こえていたのか」と上司が問い詰めてくる。

「はあ」と空返事をしていると、

「本当に一人だったのか」「誰とも話していなかったのか」と矢継ぎ早に上司は聞く。

車で戻る途中であったため一人だった、何故そんなことを聞くのか、と返すと、上司は眉をひそめる。


Sさんとの電話が繋がった時からずっと、男の人がブツブツと何か言っているのが聞こえていたという。

それも、葬儀社の職員のやり取りのような様子ではなく、なにやら独り言みたいな調子で、ブツブツと繰り返していたらしい。

初めはSさんが何かを言っているのかと思い「何を言っているのか」と問いかけていたが返事はなく、耳を澄ましてよくよく聞いてみるとSさんの声は聞こえず、その男の声だけが聞こえるような状態だったそうだ。

不穏なものを感じた上司は危険だと思い、Sさんに「すぐ帰れ」と伝えたのだ。

どんな感じの声だったか聞くと、少し抑揚がついたような低い男性の声だった、という。

しつこいノック

Sさんが友人と二人でライブの遠征に行った時のこと。

いつも使っているホテルが満室で取れず、初めて泊まったホテルでそれは起こったという。

好きなアーティストのライブで余韻冷めやらぬまま、寝付けずベッドで談笑していた。

それまで盛り上がっていた二人の会話がたまたま途切れ、その時にふと、小さな音が聞こえた。

耳を澄ましてみると、それはどうもノックの音のようだった。

Sさんは、ホテルの従業員が何かの用事で訪ねてきたのだと思った。

しかし時刻は零時を回っている。——こんな時間に用事などあるものだろうか、と不思議に思いながらも、部屋のドアの方へ近づいていき、もう一度耳を澄ましてみた。

が、音はそれきり聞こえてこない。

やはり気の所為《せい》だったのかと思い、ベッドへ戻ると友人との会話に戻った。

しばらく経つと、同じような音が再び聞こえた。しかも、先程よりハッキリと聞こえたような気がした。

Sさんはやはりドアに近づき、今度はのぞき穴から外の様子をうかがってみる。

だがやはり誰もおらず、変だな、と首をかしげる。

なんだか折角の楽しい時間を邪魔されたような気がして、少し嫌な気分になりながらベッドへ戻ると、友人が怪訝そうな表情をしている。

どうしたのか聞いてみると、友人は壁を見やり「隣からじゃない？」と言った。

言われてみれば確かに。いつもと違うホテルの部屋にいるという先入観のせいなのか、ノックのような音ならば聞こえるのはドアの方から、とばかり思っていた。

Sさんと友人は揃って、壁に耳を当ててみる。

すると、ハッキリと振動が直接耳に、顔に、伝わってきた。

ゆっくりと、二回。


コンコン。

Sさんはそれを聞き、安堵したのだという。

得体のしれない何かが部屋のドアを叩いているのではない、ということがわかったからだ。

友人もそれは同じだったらしく、二人して「なんだぁ」とため息をつく。

確かに先程まで二人で談笑していたので、少しうるさくしすぎたのかなと結論づけ、それからは少し音量を抑えた。

午前一時を過ぎ、チェックアウトまでに起きなくてはならないので、流石にそろそろ寝ようかという話になった。

明かりを消してベッドに入り、眠りに入り始めた頃。

静かな室内の中に、また同じ音がしたという。

コンコン、と二回。

しかも先程よりも、聞き間違えようがないほどの大きさだった。

Sさんはつい目を開けてしまい、壁に目をやった。

そして友人に目を向けると目を覚ましており、同じく壁を見ている。

「……うるさくしてないよね？」

Sさんは頷き、そのまましばらく固まっていると、また二回、音がする。

コンコン。

より一層大きな音だったという。

誰が聞いてもノックの音に聞こえる。それも確実にこちらの部屋に向けられたもの——。

Sさんは薄ら寒いものを感じ、友人と共に布団を頭から被り、無理やり眠りについた。

気がつけば朝になっており、気もそぞろに用意をすると部屋を出た。そして、昨夜の音が聞こえた方を確かめようとした。

だが、そこにあったのは非常階段へ続く外への扉だけだったという。

Sさんは、返事をしたり、ノックを返さなくてよかった、と話を締めくくった。

笠の人

友人のDさんは「幽霊というものは透けていて足がない」という、ステレオタイプな幽霊像の観念を持っている。

これには理由がある。住んでいた実家に霊道とやらが通っていたらしく、夜中に廊下を上半身だけの女がスーッと通っていくのを見たり、怨念のようなうめき声を聞いたり――。そのようなことが日常茶飯事であったが、全身像がわかるような「幽霊」というものは見たことがなかったからだ。

中学生の頃、やんちゃだったDさんは友人と共に、自動販売機にいたずら書きをした。それもマジックやボールペンではなく、スプレー缶を使った派手なものだった。

田舎の情報網は早いもので、次の日には既に教師の耳に入っており、夏休み中だったのにもかかわらず、学校へ呼び出された。

こってりと絞り上げられたうえ、罰として残りの夏休み全部、地域のボランティア活動に参加させられることになった。

友人それぞれが様々な奉仕活動に割り当てられ、Dさんに与えられた仕事は環境保護活動。つまるところ、山林のゴミ拾いというものであったそうだ。

小さな沢を渡り、山へと入る砂利道の周囲には、植林された檜《ひのき》が丁寧に列を成している。Dさんはこの細長い人工林が植えてある道の周辺のゴミ拾いをして歩いていた。

山林とはいえ人里近くというのもあり、空き缶や煙草の吸殻などのゴミが結構、落ちていた。

Dさんはビニール袋を片手に、日が昇ると暑いので、早朝からせっせとゴミ拾いに勤《いそ》しんでいた。

小一時間ほど経ち、休憩をしようと顔を上げた時、ずっと下を向いていて気がつかなかったのだが、山の方から人が降りてくるのが見えた。

時刻を見ると七時を回っている。自分が来る前から山に入っていたのか？　山菜採りかな？　とは思ったものの、なんとなくその人を見続けた。

Dさんは視力が良い方ではなかったのだが、遠目に見てもその人がどうやら笠を被《かぶ》っているらしいことがわかった。

笠を被るのは、山間の田舎では珍しいことではない。

だが、その人が近づくにつれて格好が見えてくると、目が離せなくなった。

笠の人は、着物のようなものを着ていたという。

薄茶色の着物、黄ばんだ半襟、帯は上等なものではなく、少しよれてシワが入っている。下半身は尻っぱしょりして動きやすそうにし、その下にはこれまた黄ばんだステテコのようなものを穿いていた。

足元はほつれた草鞋《わらじ》で、背中には網カゴを背負っている。

どう見ても昔の人の格好だったという。

このあたりに住んでいる人であれば高齢者などが多いし、古い家に住んでいる人もいる。着ているものも古いものだったりすることもあるが、この格好はさすがに昔すぎるのではないか、とDさんは思った。

自分の家のじいちゃんでも洋ものの作業服だ。長靴もある。

この人はなんでこんな昔の格好をしているのだろう、と疑問にも思ったが、人の格好をあまり詮索するものではない、と思い直し、近づいてきたら挨拶をしようと思った。

自分の目の前までその人が来たところで、道を空けるために横に退く。

その人は思ったより笠を深く被っており、壮年の男性ということはわかるが、顔は見えなかった。

自分の脇を通り過ぎる瞬間、Dさんは「おはようございます」と挨拶をした。

が、笠の男はまるで見えていないかのように、Dさんを無視して横を過ぎる。

田舎であればなおのこと、まったく知らない人でも顔を合わせて挨拶をすれば「おはよう」「こんにちは」の一言ぐらいは返してくれる。

大人のくせに中学生の自分よりまともに挨拶が出来ないのか？　Dさんは疲れていたせいもあり、少し苛立《いらだ》ちを覚えた。

悪態の一つでもついてやろうとDさんが振り向いた時、そこにはもう誰もいなかった。

周りは植林された細い檜ばかりで、視界を遮る背の高い草などもない。

たった今すれ違った人が、一瞬で見えなくなることはありえない。

途端に恐ろしくなり、ゴミ拾いなど放棄してすぐに家に逃げ帰ったという。

Dさんはそれから、幽霊というものは、人と寸分違わぬ格好で出てくるんだ、と考えを改めたそうだ。

窓のにょにょ様

「ないないの神様」という、おまじないをご存知でしょうか？

結構、有名なおまじないだと思います。失くしたものを探すとき、

「ないないの神様、ないないの神様。◯◯を失くしてしまいました。ないないの神様、ないないの神様。◯◯の場所をお指し示しください」

といった具合に唱えると、しばらく経ってからひょっこりとそれが見つかるというおまじないで、なかなか効果があるのだそうです。

ただ、このおまじないを私は試そうとしたことは一度もありません。

何故なら「ないないの神様」なんて神様、いくら八百万《やおよろず》の神が住まう日本とて、存在するとは思えないからです。

もし、願いを伝えている相手が、神様ではなかったとしたら……。いつも通る道にポツンと存在する、謂《いわ》れのよくわからない謎の祠《ほこら》。民間伝承で伝えられる様々なおまじない。それらはすべて、本当に神なのか。もしそうでなければ、特段気にせずにおまじないをしている人たちは、一体何に願いを届けているのか。

そう考えると恐ろしくなるのです。

今からする話は、そんな得体の知れない何かを神として扱うことへの疑問を、私に抱かせるきっかけになったお話です。


私の母の女子校時代のクラスメイトが、仙台の実家から旦那様のお仕事の都合で私の地元の方まで越してきたときのこと。

母の友人はこちらに越してくると、マイホームを購入して住み始めました。

二階建ての一軒家で、すぐ隣が空き地。その空き地はすでに大手ハウスメーカーが建売の住宅用地としておさえていて、建築予定看板が立っていました。

彼女には当時、四歳になる一人息子がいて、新居に越してきてからおかしな行動が目立つようになったといいます。

誰もいない部屋で、まるでもう一人誰かが居るかのように振る舞って、楽しそうに話しかけて遊んでいるのだそうです。

気味が悪いと思った彼女は旦那様に相談しましたが取り合ってもらえず、子ども特有の想像の世界の話だということで片づけられてしまいました。

あるとき、気になって息子さんに「いつも誰とお話ししているの?」と聞いたところ、

「あのね、にょにょ様と遊んでるの！」

と、答えたそうです。

彼女はそれを聞いてなんともいえない不思議な心持ちになりました。

にょにょ様とは仙台のほうでは神様という意味の幼児語にあたるもので、漢字で書くと如来の如という字をふたつ続けて「如如様」と書きます。

自分の息子が神様と遊んでいると言い出すものですから、てっきり同じ年頃の子供の霊でもいるのかと考えていた彼女はあっけにとられてしまったのだそうで、ひょっとして息子さんの守護霊か何かなのかも、などと結論づけたのでした。


あるとき、隣の空き地の建売住宅の建設が始まった際に、作業員の不注意で重機の操作ミスが起き、母の友人宅で飼っていた犬が大怪我を負うという不幸が起きました。

それまでにも、路上でタバコを吸っては吸い殻をその辺に捨ててしまう作業員たちのことで腹を立てていた一家は猛抗議。

作業員を雇っている工務店へクレームを入れるもまともに取り合ってもらえず、いよいよ訴えてやろうかと思っていたとき、飼い犬に怪我を負わせてしまった重機の作業員が心臓発作で倒れたのを皮切りに、次々と現場で作業する関係者たちに不幸が降りかかったのだそうです。

怪我人や急病による作業員たちの脱落が続き、結局その現場を任されていた工務店は工事から降り、別の下請け業者が建設工事を完遂させたということでした。

新しく入ってきた工務店の作業員たちに特に異変は起こることなく、また、一家とのトラブルもなく工事が終わり、やっと平穏な日常が戻ったと彼女が思い、「工事終わってよかったね」と、息子さんに言ったとき。

「うん！　僕ね、にょにょ様にお願いしたの。そしたら前の大工さんたちいなくなったの！」

と答えた息子さんの言葉に、何か嫌な予感を感じた彼女は、恐る恐る聞きました。

「お願いって、どうやって？」

「こうするんだよ」

息子さんは小さな右手を挙げると自宅の窓に近寄って、右手の指をクネクネと奇妙な動きで動かし始めました。

その奇妙な指の動きは、窓の外……隣の建売住宅の二階の窓に向かって、合図でも送るかのように行われているのです。

隣の建売住宅はまだ無人。

誰も居ない家の窓へ送られる謎の合図。

彼女が合図の先を辿ると、そこには居るはずのない白っぽいヒトのような姿の何かが、無人の建売住宅の二階の窓からこちらを見下ろしているのが見えました。

その白っぽい何かは、右腕をゆっくりと挙げると、やがて息子さんと同じようにその指をクネクネと動かし始めました。

この謎の合図のやりとりで、なんらかの意思疎通が行われることに危険を感じた彼女は、とっさに窓のカーテンを下ろしてしまったということです。


ここまでが今から十年ほど前の話。

最近、私は母と一緒にそのお宅へ夕食に招かれました。

十年前にその話を初めて本人から聞いたとき、母の友人はこのように言っていました。

「アレは神様なんかじゃない。何か、すごくよくないモノだと思う」

「どうしてそう思うの?」

「あの顔を見たら、神様だなんて冗談でも呼べない。アレは絶対に神様なんかじゃない」

どんな顔をしていたのか?

聞いても答えは返ってきませんでしたが、普段は笑い上戸の母の友人が、無表情で口をつぐんでしまったのを見て以来、私はこの話について聞くことができなくなりました。
私は、食事の支度ができて二階にいる息子さんを呼びに階段を上がったとき、暗い子供部屋の中で一人、中学生になった息子さんが窓に向かって指を動かしていた、という事実をまだ誰にも話せないままでいます。

私たちは普段、何に手を合わせ、何に願いを託しているのでしょうか。
得体の知れない何かと、意図せずして繋がってしまっていたら。
そう思うと、うかつにおまじないを試すことができない、小心者の自分がいます。

ぶらさがり

私はとある県で看護師をしています。

勤務している病院は大昔に建てられたもので、古くから昔の服を着たナースの幽霊が現れたとか、休憩室で仮眠していると必ず見知らぬ女性に殺される夢を見る等の噂があるそうです。ほかにも沢山《たくさん》そういう噂があります。

また患者さんの自殺が多いことでも知られています。

突然病室から飛び降りたり、首を括ったり……大きな病院ですし、様々な病状の患者さんが入院しているのでそういう方が多少なりともいらっしゃるのはしょうがないことなのかもしれませんが。

そんな病院に勤務し始めて半年経ったある日のことです。

その頃にはだいぶ慣れてきて、ある程度の業務をテキパキとこなせるようになってきていました。

しかし、私は夜の見回りをすることだけが凄く苦手でした。

夜の病院はとにかく怖いんです。

暗いし、昼間多くの人でざわついていた院内はひっそりと静まり返り、シーンという音でさえ聞こえてくる気がします。

そんな中をコツコツコツ……と自分の足音だけを響かせ、病室を一室一室チェックしていきます。

異常は無いかな。この患者さんはちゃんと寝られているだろうか。このおばあちゃんは夜中起きてることが多いよな。今日はちゃんと寝てるみたい。

そんなことを思いながらその日も見回りしていたんです。

そうしてすべての部屋を見終え、元来た廊下を歩いていた時、違和感を覚えて立ち止まりました。

それは、二階の廊下の先にある病室でした。

一見何もおかしなところはありません。先ほどもチェックした部屋ですので異常は無いはずです。

「なんでこんなに違和感があるんだろう」

そう思いながらスーっと何気なく病室前の廊下の天井を見ました。

すると、天井に一本手が生えていたんです。

本当に手がぬるっと天井から生えています。

右手でした。

その手がゆーらゆーらとまるでブランコを楽しむかのように前後に揺れています。

私は思わず立ち止まりました。恐ろしいものを見てしまった。

前から先輩の看護師さんに言われていたんです。「病院ではあれこれ怖い噂が昔からあるし、勤務している看護師なら必ず一度は変なものを見る」と。

初めてその変なものを見てしまいました。

「あ、あぁ……」とショックのあまり声を上げると、その右手は私に気がついたのか、揺れを止め、スゥーっと天井に消えていきました。

なんだったんだろう……私は疑問に思っていましたが、きっと疲れてたから変なもの見ちゃったんだろう。そう思い、というかそう思うしかない、その変なものを認めたくない一心でその日はそのままナースステーションに帰り、業務を終え、家に帰りました。


次の勤務日。その日も夜勤だった私は夜の見回りをしていました。

すべての部屋をチェックし終え廊下を歩きます。

問題のあの部屋が目に入りました。

天井を見ます。

すると…また手が天井から生えていたんです。

しかも今度は両手。

両手はぶーらぶーらとまた揺れています。

するといつの間にかその手は甲と甲を向き合わせ、パーン！　パーン！　と勢いよく合わせ始めました。

パーン！　パーン！　パン！　パン！　パチン！　パチンパチンパチパチパチパチ――。

まるで手の甲で拍手をしているかのようでした。

私はあまりにも異質な光景に声も出ず、その場で立ち止まっていました。

するとカラカラと病室の戸が開き始めました。

その病室で入院していた女性の患者さんがヌゥっと歩いて出てきたんです。

そして拍手している両手の下にピタリと立ち止まると、ボーッと正面を見始めました。

すると両手は拍手を止め、スゥーっと両手の先を天井から出してきました。

腕、肩、顔、上半身が出てきます。

男性でした。年齢は四十代くらいでしょうか。

ニヤァと口を開けながら天井から垂れ下がり、その患者さんの髪を掴むと、そのままズルズルズル……と引っ張って廊下の先へ天井に垂れ下がったまま進み始めました。

その女性は横を向いた体勢のまま、ズーっと髪を引っ張られ、廊下を進んでいきます。

「あぁ、あぁ……」

私は声が出ませんでした。

そして廊下の先の窓に着くと、その女性は急に意識を取り戻し、窓をガラガラと開けると、ブチブチ！　という音と共にフッと飛びおりてしまいました。

天井には垂れ下がった男の背中だけが見えます。

女性の髪の毛を拳に握りしめていました。

男性はそのままスゥーと天井に消えていきました。

「ギャァあああ‼」

ようやく声が出た私は急いで他の看護師に報告をしにいき、バタバタと一階に降りていきます。

女性はもう亡くなってしまっていました。

満足そうな笑顔で。

それ以来、あの男性の姿は見ていませんが、あれはなんだったのでしょうか。
院内で自殺が多いのはあの男が絡んでいたのでしょうか。
今でもわからないままです。
私は今もその病院で働いています。

CA

七年ほど前の海外出張での出来事。

当時私は、商社でトレーディングの仕事をしており、一ヶ月に二、三回は海外出張という多忙な日々を過ごしていました。


その日も、出張先での一連の仕事を終え、ヘトヘトになりながら深夜発の日本へ帰国する便に乗り込みました。

私の他に乗客は五、六人いたでしょうか。

とても閑散としていました。

恵まれた話ではあるのですが、当時は会社の計らいで、私のような平社員でもビジネスクラスに乗ることができました。

ビジネスクラスでは席に座ると、乗客ひとりひとりの元へ、客室乗務員（ＣＡ）の方がウェルカムドリンクをトレイに乗せて挨拶に来ます。

そして私の座席にも一人の女性が挨拶に来ました。

以下、このCAをAさんとします。

「〇〇様（私の名前）、ご搭乗頂きありがとうございます。私、〇〇様のお世話をさせて頂きます、Aと申します。狭い機内ではございますが、ごゆっくりおくつろぎください」

明るく上品な口調で、素敵な笑顔で私に挨拶をするAさん。

しかし、次にウェルカムドリンクのグラスを私に手渡す時、彼女の視線が私の顔の少し上ぐらいに移り、素敵な笑顔からほんの一瞬、眉をひそめた表情を見せました。

そして、彼女はどこか不安さが残る笑顔を作り「御用がございましたら遠慮なくお申し付けください。それでは失礼致します」と言い残し、足早に去っていきました。

そうこうしているうちに飛行機は離陸。

やがて機内食が運ばれて食事を済ませると、照明が落とされて機内はおやすみモードへ。

私は疲れていたのもあり、耳栓をし、座席をリクライニングにしてブランケットを被りすぐ眠りにつきました。

どれくらいの時間が経過したでしょうか。

ふと目が覚めました。

体が動きません。

（金縛り――？）

金縛りには今まで何度か遭ったことはあるのですが、よく怪談話に出てくる『足元に女の幽霊が立っていた』とか『上に乗っかってきて首を絞められた』などといった経験もなく、単に疲労から来るものでした。

（この金縛りもその類だろう）

頭の中は至って冷静でした。あの声が聞こえるまでは。

「お客……さまぁ……」

その声は女性で、呻き声に似たものでした。

軽く寝ぼけていたこともあり、最初は先程のAさんが金縛りにあっている私の異変を察知して声をかけてくれたのかと思いました。

でもおかしいんです。

私がいるのは通路側の座席で、窓側の隣の座席は空席です。

その声のする方向は、通路側ではなく、誰もいない筈の窓側から聞こえてくるのです。

しかも今、私は耳栓をしているのに、その声ははっきりと聞こえます。

「お客……さまぁ……」

自分の背中を汗がたらりと伝わっているのがわかりました。

（ヤバイヤバイヤバイヤバイ）

すると、窓側の座席のほうからすぅっと、徐々に女性の顔が私を覗き込むように視界の左端から見え始めました。その女性はニヤリと笑っており、胸元辺りまで姿を現した時、私は気絶しそうになりました。

彼女の首は伸びきっており、直角にグニャリと曲がっていました。

制服らしき服装なのですが、Aさんが着ていた制服とは違いました。

「お目覚め……ですかぁ……？」

私は目をギュッと閉じ、心の中で仏教を信仰していた祖母が唱えていたお経を唱え始めました。


かれこれ数分はたった頃でしょうか。

肩をポンポンと叩かれました。恐る恐る目を開けると、そこにはAさんがしゃがんだ格好で心配そうに私を見ていました。

あの首が曲がった女性は消えていました。

Aさんはすべてを察していたかのような口ぶりで、

「大丈夫です。もう大丈夫です。お水をお持ちしました」

とペットボトルのミネラルウォーターを差し出しました。

私は水を一気に飲み、思わずAさんに訴えました。

「さっき首の曲がった女性がそこの席から……」

するとAさんは、周りに聞こえないように小声で次のように教えてくれました。

十年ほど前、Aさんが航空会社に入社する前のこと。

私が出張先でいた国のとあるホテルで、一人のCAが浴室で首を吊って亡くなったそうです。

その女性にどんな事情があったのかまでは明らかになってはいませんが、Aさんの会社では婚約破棄をされたのが引き金となったのではないかと噂されているそうです。

最後に余談ですが、そのAさんは後に私の妻となります。

今では、あの時の首の曲がった女性の霊よりも怖い存在です。

角女

今から一年くらい前の話だ。

その頃は転職を機に、新しい住まいを探すために賃貸物件を見て回る日々が続いていた。

諸事情で仕事を既に辞めていた俺は、あまり金銭的に余裕がなく、自然と家賃を重視した選び方になっていた。

その物件と巡りあったのは、割と早い段階だった。

どこにでもあるような二階建てのアパートの二〇一号室。

家賃はその地域にしては驚くほど安い方だった。

しかし、オンボロで風呂便所なし……といったこともなく、綺麗な内装と、快適な設備。

内装の下見に向かった時には「本当にこの家賃なの？」と仲介業者の人に尋ねるほどだった。

仲介業者曰く、駅から少し遠いことと、建物自体の築年数がこの家賃の理由となっているらしい。何も迷うことはなく、その場で即決だった。

再就職もスムーズに進み、その物件を借りるために仲介業者を挟んで契約を済ませ、引っ越しを完全に終えたのはそれから数日後のことだった。

住所変更の手続き、インテリアや電化製品の設置がやっとの思いで終わり、落ち着いたところで最後にしなければならないことは、近隣住民への挨拶だ。

軽く回ってみたところ、住人はみな人当たりも良さそうで、おかしそうな人は居なかった。

ただ、一つだけ気になることがあった。

それは、左隣の二〇二号室の田崎さんという優しそうなお兄さんから聞いた言葉。

「どうもこんにちは、二〇一号室に新しく越してきた狭山と言います」

「ああ、引っ越しはもう終えられたんですね、お疲れ様です。二〇二号室の田崎です」

「ご迷惑をかけることもあるかとは思いますが、よろしくお願いします」

「いえいえ、ご挨拶わざわざありがとうございます……狭山さん、お引っ越しは、お仕事の都合か何かですか？」

「ええ、まぁ……転職で」

「そうですか、新しい職場に慣れるまで大変ですね。……あの、失礼ですが、恋人さんなんかは？」

「はぁ？　いえ、今は特に……」

「そうですか。いやいやすいません、突然変なことを聞いてしまって」

初対面でいきなり馴れ馴れしいなと感じたが、独り身の俺を心配してくれてるんだろうと思い直した。

田崎さんが言うには、前の住人は女性関係のトラブルですぐに出て行ってしまったのだという。そして、その前も、さらにその前も……。

「ですから、夜中の喧嘩とかは大変でしたよ。僕もあまり首を突っ込まなければよかったのですが……」

恐らく、釘を指しているのだろうと思った。

確かに、隣の部屋の痴話喧嘩で生活を邪魔されたくはないだろう。

そんなことには到底無縁だろうが、もし恋人が出来た場合は気をつけようと思った。

それから二言三言話したあと、他の住民への挨拶に戻った。

越してきて一週間が経った頃だ。

その日、慣れない仕事で疲れきった俺は夜遅くに帰宅した。

ドアの鍵を開け、真っ暗な玄関に入る。

ボーッとした頭で部屋の電気を点けると、部屋の角に俯いた女が立っていた。

ボサボサで腰まである長い髪。

何故か下着姿、肌の色は真っ白で——明らかに異常な光景だった。

人間、本当に怖い目に遭うと声も出せなくなるのをその時知った。

情けないことに俺は目を見開き、口も開けっ放しのままそいつを凝視することしか出来なかった。

そいつは壁のほうを向いており、俺に気付く様子が無い。

向いている壁を左手でゆっくりと、何回も何回も引っ掻いており、何事かブツブツとつぶやいている。

頭がおかしい人？　ドロボウ？　殺される？

混乱した俺はそのまま百八十度回転すると外に出て、ドアに鍵をかけなおした。

その後、近くのコンビニから警察に電話をした。

来てもらった警官と一緒に家に戻ったのだが、女は居なくなっていた。

侵入の痕跡も無いし、見間違いじゃないですか？　と一蹴され、少しイラッとした。

でも、玄関の鍵はかかっていたし、他の窓からも侵入の痕跡は無いのを自分の目でも確認した。物も取られていないし、女が居た形跡は無い。

まったく理解できなかったが、次の日も仕事であるため、玄関や窓の施錠をキッチリと確認したあと、疲れ切っていた俺は眠りについた。

その日の朝、目を覚ますと、また女が立っていた。

情けない声で叫び、立ち上がって女と反対の角により掛かる。

女は相変わらず同じ格好で壁を引っ掻き、ブツブツ呟いている。

意味がわからなかった。鍵をかけたのに。

そのまま凝視しているわけにもいかず、俺は勇気を振り絞って女に声をかけた。

「誰だおまえ！　何しに来た！」

なんの反応もない。

「で、出てけよ！」

やはり反応はない。

こうなったら強行手段しかないと思った俺は、女に近づいた。

あと一メートル程の距離まで近づき、飛びかかろうとしたその時。

女が壁を引っ掻く手を止めた。そして、ゆっくりと身体の向きを変え始めた。

まるでスローモーションの様に、ゆっくりと、ゆっくりと。

そして、俯いた頭がゆっくりと角度を変え、上に起き上がってきている。

すると、その動きはガクン、ガクン、と時折何かに突っ掛かるように一瞬だけ速度を上げ、しばらくゆっくり動くとまたガクン、ガクンと速度を上げる。

人間の動きじゃなかった。

人では無いと実感したのはこの瞬間だった。

とうとうこちらを向いてしまうという頃に、俺は恐怖の限界を迎え、叫び声を上げながら腰を抜かしてしまった。

しばらく頭を抱えていると、ブツブツが聞こえなくなった。

恐る恐る顔を上げてみると、女は綺麗サッパリ居なくなっていた。


それから、その女は度々現れた。

しかしその日からは壁ではなく、俺の方を見るようになっていた。

帰宅した時にこちらを向いていたり、風呂からあがると出現していたり。

気づいた時に部屋の角に目線をやると、いつのまにか現れている。

家賃が安い理由が判明し、仲介業者を心底恨んだ。

だが、その女はそれ以上何もしてこなかった。

何か悪い影響を及ぼしたり、俺に攻撃をしてきたりということは一切なかった。

一日に数回現れ、ただ部屋の角に立ってこちらを見ているだけ。

心臓に悪いだけで、実害は何もなかった。

人間、こんなことも慣れてくる。

実際にしばらく時間が経つと、俺はその話をネタにしたりしていた。

お化け出るんだぜ、と同僚を部屋に招いた時も現れたが、どうやら俺にだけしか見えていないらしい。

会話を試みたり、写真や動画を撮ってみたりしたが、なんの効果も進展も無かった。

「君、割と綺麗な脚してるよね」

とからかってみたりしたが反応無し。

何をやっているんだと、自分が少し悲しくなったくらいだった。

「田崎さん、これ実家のお土産《みやげ》です、どうぞ」

「わざわざすいません、ありがとうございます。どうですか、生活は？　慣れてきましたか？」

「ええ、まぁ……なんとか」

「困ったことがあれば、いつでも相談して下さい」

「……あの、困ったというか、変な話をしてもいいですか？」

「なんでしょう？」

「僕の部屋に、女が居るんです」

田崎さんはニヤッと笑って、

「彼女、できたんですか?」

と返してくる。

「いえ、そうじゃなくてですね……。部屋の角に、女が立ってるんですよ。気が付くと」

俺がそう切り出すと、田崎さんはいつもの笑顔から一転して無表情になった。

不気味に思ったが、話して楽になってしまいたい気持ちが勝り、それからは勢いに乗り、事の次第を簡単に話した。

しばらく無表情で黙っていた田崎さんは、俺の話を聞き終わるといつもの優しい顔になった。

「まぁ、仕事の疲れでしょう。幻覚というか、夢というか。たまには休息も必要ですよ」

お土産ありがとうございます、と言ってから、ドアを閉められた。

やはり変な奴だと思われたのだろうが、そもそもこんな話、誰も信じるはずがない。

住人の中でも特に仲良くしてもらっていた田崎さんに理解されなかったことは、割とショックだった。

次第に俺は、彼女が一体「何なのか」が気になってきていた。

それからもしばらく、その女は現れ続けた。

何をするでもなく、ただ、部屋の角にいるだけ。


数日後のある夜。

寝付けなかった俺は、布団に入って携帯電話をいじくりまわしていた。

そろそろ寝ようとしたとき、ふと女がいる場所に目をやると、女は最初現れた時のように壁の方を向いていた。

そして、ブツブツと呟いている。

気になってしまうともう眠れない。しばらく俺は彼女を観察していた。

すると、彼女とは違う声色でもうひとつ別の声が聞こえた。

その声も壁の方から聞こえる。

彼女を観察しながら、耳を壁に当ててみる。

聞こえてくるのは男の声で、思いつく限りの罵詈雑言《ばりぞうごん》。

それもどうやら、俺に向けての言葉らしい。

「なんであんな奴のことばかりを見る」

「僕には見向きもしなかったのに」

「隣のやつなんて死ねばいい」

「呪ってやる」

消え入りそうな涙声で喋っていたかと思うと、唸るように低い……まるで地の底から喋っているかのような声に変わったり、突如、怒鳴り散らしたりと、かなり不気味だ。

女はそれに相槌を打ちながら、諭すように壁を優しくさすっていた。

この壁の向こうは二〇二号室、田崎さんの声だった。


数週間後、新しい職場にも馴染めず、俺は再び引っ越すことになった。

仲介業者の人は何も言わず、ただ「大丈夫でしたか?」と聞くだけだったので、俺は何も言わなかった。

出ていく旨を伝えるために隣近所に挨拶に回った際、多くの方々は俺を心配してくれていたようだったが、田崎さんだけはとても機嫌が良く、気味が悪いほど満面の笑みだった。

その笑顔はいつもの優しい笑顔ではなかった。


今でもあの物件の二〇一号室は、貸し出されている。

テレビ局

これはテレビの制作現場で働く私が、まだアシスタントディレクターだった頃の話。

当時担当していた番組は、大御所お笑い芸人が四十名ほどの芸能人をゲストに迎えトークを繰り広げるバラエティ特番。この番組に携わった私に与えられた仕事は、ゲストのデビュー当時の面白い映像を探し出すこと。芸能人たちの初々しい姿を見て楽しむという一コーナーに使われるのです。

膨大な映像資料から探すため、特番収録の三ヶ月前から毎日テレビ局に通っていました。

そんなある日、いつも通り出社すると、テレビ局の前は異様な空気。パトカーと救急車が数台停まり、人の往来が激しかったのです。

何が起こったのか気になるものの、自分の仕事をしなければ先輩ADに怒られてしまうので、足早にテレビ局の中に入りました。

しかし廊下を歩いていると、気になる言葉の断片が耳に引っかかってくるのです。

「……さつしたらしいよ」「……イを使って」「スタジオ近くの……で？」

いつの間にか私は、聞いた言葉の断片を掻き集めながら、テレビ局の中にある収録スタジオへ向かっていました。

すると、スタジオからすぐ近くのトイレの前に警備員が立ち、中に入れない状況になっていたのです。しかし、何も聞いてはいけないような気がして立ち去ろうとした時、すれ違う人が話していた内容がはっきり聞こえました。

「トイレでアナウンサーが自殺したらしいよ」

なんとなく、誰かが自殺したのだろうということはわかっていたのですが、はっきり言葉にされたこの瞬間、背筋がゾッとしました。

（いつも働いている現場で、誰かが死ぬ）

どうして自殺を選んだのか？　自分が憧れたテレビの現場は死にたくなるほど辛いことがあるのか？　いつか自分もそういう気持ちになる日が来るのか？

得体の知れない恐怖がねっとりと、しつこく体に絡みついてきたのです。

やがて、このトイレにはいくつか妙な噂が囁かれるようになりました。

「あのトイレを使うとすすり泣く声が聞こえる」

「使っていると急に電気が消える」

などいろいろとあったのですが――。

私が本当の怖さを知ったのは、その出来事からしばらく経ったある日のこと。

たまたまトイレの近くを歩いている時に、ある異変に気付いたのです。

(トイレが無くなっている)

いいえ、無くなっているという表現は少し違うかも知れません。

トイレの扉のあったところに、周囲の壁とまったく同じ色の板が張られ、そこには何も無かったかのようになっていたのです。

人が一人亡くなった場所が消され、また、いつもの日常に戻る瞬間を見て、私はなんとも言えない恐怖を覚えました。


今は職場を変え、まだテレビの仕事を続けている私ですが、ふと思うのです。

一枚の板で世間と隔離されたあの空間は、今もひっそりとそのままあり続けているのでしょうか?

プリクラ怪談

最近は通常のコンパクトカメラにも、美肌モードやデカ目効果がついていたりする。

写真は盛ってなんぼの世界となっている。

飲み会でふと「最近のカメラで心霊写真を撮ったら霊も盛られるのかね」なんて話をした。

すると一人の女の子が「うん、盛れるよ」と返してくれた。


彼女が友達四人で遊んでいた時、いつものようにプリクラを撮ることになった。

ゲームセンターの一角にあるプリクラ機で写真を撮る。

ノリノリでポーズを決め、盛りはMAX、スタンプやペンで落書き。

カタンッ。プリクラが出てくる。

「えっ、なにこれ⁉」

写真はどれも歪んでいて、顔の判別が出来ないような状態だったらしい。

「これはヤバい」「こわっ」と口々に言うと、とりあえず店員に苦情を言いにいった。

「申し訳ございません。料金はご返金させていただきます」

店員はお金を返すとプリクラをどうするか聞いてきた。

彼女たちは処分を頼むと、もう一度プリクラを撮ろうとプリクラ機へ。

すると店員もついてきて「使われますか？　でしたら機械が故障しているか確認も兼ねて無料で機械を動かします」と言ってくれた。

店員に見守られながらもう一度撮影。カタンッと出てきた写真を店員が確認するや否や、青ざめた顔でスタッフルームへと駆け出した。

「え？　なに？」

彼女たち四人の間にざわめきが走る。お互いに顔を見合わせた後、店員の後を追った。

店員は店長や別の店員にプリクラを見せながら何か話している。

しかも機械には【故障中】の貼り紙が貼られる始末。

「どうかしたんですか？」

恐る恐る店員に話しかける。

店員は相変わらず青ざめた顔で困ったような表情を作ると「見ますか？」と言う。

四人が頷くとプリクラを渡してくれた。

「で、写ってたんだよねぇ。四人のはずが五人。ちゃんとデカ目で肌や髪が綺麗になってさ、めっちゃ怖かったけど、めっちゃ盛れてたわぁ」

高速道路

これは私が実際に経験した不思議な出来事です。

数年前、私は関東地方でバスガイドとして働いていました。

当時の私はバスガイド三年目。仕事にも慣れ、お客様を乗せての観光業務を任せていただくことが増えていました。

ある日、東北地方への一泊二日の乗務が決まり、Yさんという運転士さんと一緒にバス一台での仕事を任されました。

癖のある運転士さんが多い職場でしたが、Yさんは五十代後半のベテランで私も何度か一緒にお仕事をさせていただきました。

案内物の前を丁寧に徐行して走ってくれたり、的確な指示を出してくれたりと、とても親しみやすく、仕事がやりやすかったのを覚えています。

また、私には霊感などはありませんが、Yさんは霊感が非常に強い方で、人のオーラを見たり、誰かに憑いてしまった霊を自分にとり憑かせて持ち帰って除霊したり、といったこともやっていると噂で聞いていました。

乗務当日、関東地方某所でお客様を乗せて、高速道路を東北方面に向けて走りました。私はいつも通り仕事をこなし、何事もなく一日目を終えました。

翌日も宿泊先のホテルを出発後、観光地を巡る予定を順調にこなし、行きにも通った高速道路に乗って帰ることになりました。

初日の出発地点に無事お客様を降ろし、バスの営業所へ向かう帰りの回送になります。帰りは走行中のバスの中で、倒されたリクライニングを直したり、座席をタオルで払ったりして、営業所に着いてからスムーズに掃除ができるようにします。

立って移動しながらの作業を終えると運転士さんに「安全運転ありがとうございました」と告げて座席に戻ります。バスガイドが座る席はバスの一番前の席で、そこから運転士さんの死角になるバスの左側を見て左折する時は「左オーライです」と声をかけます。

一、二年目は私もそうしていましたが、三年目にもなると親しい運転士さんも数人出来てきます、その時は運転士さんのすぐ隣、いつもは車内の通路になっている部分に、収納された座席を出して座り、話し相手になったり、話を聞いてもらったりしていました。

私にとってはYさんも親しい運転士さんの一人だったので「お隣、失礼します」と言って隣に座らせてもらいました。

お客様を降ろした時刻は十八時頃でした。辺りも暗くなっていて、バスの車内の明かりを消して走行していました。

Yさんにもコーヒーを淹れて渡し、隣に座ると「明日は仕事？」と聞かれました。

「はい。明日は五時出勤で静岡方面です」

「じゃあ、今日は高速に乗って帰るか」

帰りの回送では、料金が発生する高速道路を使わず一般道路で帰ることが多いのですが、基本的に運転士さんの判断なので、その日は高速道路に乗って目的地である営業所の最寄りのインターチェンジに向かうことになりました。

暗くなったバスの中では、同期のガイドの話や恋の話、先日行ってきた仕事先での話などをしながら揺られていました。

ふと、突然プツンと切れたように、Yさんとの会話が止まりました。

突然の沈黙にYさんを見ると、真っ直ぐ前を向いて運転していました。私も目線をバスの進行方向に向けました。

その時バスは走行車線を走っていて、私たちの右斜め前には追い越し車線を大型トラックが走っていました。

すると、トラックの真横。つまり私たちが乗っているバスの目の前に白いモヤのようなものが見えました。そんなに大きなものではなく、軽自動車一台分ほどでした。

ふわふわと漂うモヤの中央部分が濃い白色で、外側になるにつれて徐々に色が薄くなっているようでした。

はじめは前を走るトラックの排気ガスだろうと思っていましたが、そのモヤは徐々に形を変えて、細長いドーナツ状になります。そして、モヤが徐々に薄れていくと同時に、その円の真ん中に男の子の姿がハッキリ見えました。

丸刈りで、あちこち茶色く汚れたような白色のTシャツを着ていて半ズボンを穿いている。その半ズボンも白っぽかったと思いますが、汚れていてTシャツよりも黒ずんでいたように見えました。

その男の子は、バスの斜め前の追い越し車線を走るトラックと、まるで並走するかのように並んで走っていました。

走っている——男の子の体は宙に浮いていて、手足がゆっくり動いているんです。でもスピードは高速道路を走る車と同じで、トラックの横をずっと走っていました。

この時、本当に不思議なんですが、真後ろを走るバスに乗っている私からは男の子の後ろ姿しか見えないはずなのに、私の頭の中には同時に二つの視点がありました。

ひとつは、私が今いるバスから男の子の後ろ姿を見ている視点。

もうひとつは、私が男の子の真横にいて、男の子越しにトラックが見える視点。

とてもゆっくり時間だけが流れていく感覚で、車の走行音も耳に入ってきませんでした。

頭の中ではずっとその二つの映像が重なって、繰り返すように流れていて目を回したような気持ち悪さがありました。

突然、ジャラッという音が聞こえて、見ると私の膝の上に数珠が置かれました。それはYさんが普段から身につけているものでした。

ハッとして前を見ると、男の子の姿は無くなっていました。

バスの走行音も聞こえていて、いつもの回送の状態に戻りました。

「それを左の手首にはめて、後ろの席に横になって休んでいなさい」

Yさんの言葉通りに数珠を左の手首につけて、さっき見たのは何なのか、そもそも私の見間違いかと思い、

「あの……今、何かバスの前にいましたか？」

と、恐る恐る聞いてみるとYさんはひと呼吸して、言いました。

「…やっぱり見えてしまったんだね。たまにあるんですよ。僕の近くにいると見えてしまうことが。驚いたでしょう？　でも大丈夫。営業所に着いたら教えるから、横になっていなさい」

いつもと変わらない穏やかな口調でそう言うと、Yさんはそのまま真っ直ぐ前を見てバスを走らせていました。

私はYさんに言われた通り後ろの座席に移動し、座席に横になりました。リクライニングを倒して横になろうかと思いましたが、そうすると前が見えてしまうので体を縮めて座席二つ分のスペースに丸まるような形で横になりました。

横になると同時に涙が出ました。悲しくもないのに涙が出ていて、まるで夢の中で悲しい経験をして、目が覚めた時に目から流れ出ていたような感覚でした。

しばらくして私は眠ってしまい、営業所に着いたところでYさんに起こされました。回送中とはいえ仕事中に寝てしまったことに自分でも驚き、すみませんすみませんと繰り返し頭を下げる私に、

「二日間お疲れ様。明日の乗務のためにも早めに休みなさい」

Yさんはそう言って私の左手からそっと数珠を取り外して、私の左肩をトンっと叩いてそのまま帰ってしまいました。

私はバスの清掃を終えて事務所で乗務の報告を済ませ、そのまま自宅に戻りました。

あの男の子はなんなのか、私が見た二つの視点は、私の心か何かが男の子の横に移動して見せたものなのか、その場所にいた誰かの意識が私に見せたものなのか。それともそれ

以外の何かなのか……。

　結局、何もわかりませんでした。

その後、私にもYさんにも何も無く、無事に過ごしています。

私はあの後しばらくして、家の事情で仕事を辞めてしまいましたが、Yさんの話は同期から聞いていました。そしてその時、同期に聞いたのがYさんは人の不幸を受け取っているという話でした。

どういうこと？　と聞いてみると、Yさんは誰かに悪いことが起こると肩を叩いてその人から不幸を取り除き自分が持ち帰るんだそうです。

憑いてしまった霊を持ち帰って除霊するという話は冒頭に話した通り聞いていましたが、肩を叩くということはこの時初めて知りました。

男の子を見たあの時、Yさんは私の肩を叩いて帰っていきました。

私に何か憑いていたのか。それともたまたまお疲れ様という意味で肩に触れただけなのか。それは怖くて聞けないままです。

たまとり

葬式というものは何歳になっても慣れるものではない。

故人が近所の人や知り合いくらいの間柄ならまだしも、親族ともなると気が重い。

親族間の仲が良ければなおさら、しかも子供ともなれば、会場の空気は沈みきっている。

あちこちからすすり泣く声が聞こえるのは当たり前だろうし、小さい子供が亡くなったとなれば、親御さんの悲しみは計り知れない。

悲痛な叫びの一つや二つあってもおかしくはないだろう。

だが、その日の葬儀は明らかにおかしかった。


亡くなったのは僕の従姉妹《いとこ》の子ども、甥兄弟の二人だった。

上の子は六つ、下の子は四つになった矢先のことだった。

思い返してみれば、父からの連絡もどこか変だった。

親族の爺さん婆さんが亡くなったときは、どこか野次馬気分であれやこれやと雑談を交えての連絡だった。

どこどこの爺さんは肺がんだった、煙草は控えなきゃ、とか、あそこの婆さんは内臓を悪くして……だの云々。

ところが、この兄弟のときはなんの余計な話もせず、ただ一言「○○ちゃんの子供、兄弟二人亡くなったから葬式に来い」とだけだった。

原因などを聞いてみても、とにかく「来い」の一点張りだった。

直接会ったときにハッキリと事情を聞いてやろうと思い、顔を出したその会場も異様だった。

誰も悲しんでいないのだ。

すすり泣く人などは愚か、誰も悲しんでいる表情をしていなかった。

細かいことだが、親族だろうと他人であろうと一般的な常識としては故人を偲ぶ態度で葬式には臨むべきだろう。

だが「この度はお悔やみ申し上げます」の一言すら誰も発さず、全員が受付の人と会釈をしあうだけだった。

一体どういうことかと父に聞いても、何も答えようとしなかった。

一番驚いたのは、両親であるはずの従姉妹と旦那さんでさえも同じようだったことだ。

自分の子供を偲ぶような表情をせず、ただじっと無表情で俯いているだけだった。

自分は比較的、従姉妹夫婦とは仲良くしていた方だったので、夫婦のもとへ挨拶だけでもしに行こうとすると、父がすごい勢いで止めた。

「何も話しかけるな」

いつにもなく真剣な表情の父に気圧され、他の人と同じように会釈だけをする。

従姉妹夫婦は僕の方を見はしなかったが、ペコリと軽く会釈だけ返してくれた。


葬式はそのまま何事も無く終わり、出席者がぞろぞろと帰りだす頃、外の喫煙所で煙草を吸っていた時のこと。

「鬼に食われたんだよ」

少し離れたところで、親戚の年寄りたちがヒソヒソと話しているのが聞こえた。

聞こえないふりをしつつ、そのまま聞き耳を立ててみると、断片的に色々と聞き取れた。

「何年もこんなことはなかったのに」

「なぜあそこの家なんだ」

「たまとりだ」

「〇〇んとこの宮司さんは大丈夫なのか」

そんな話だった。

鬼に食われた、という言葉が一際気になった。

この現代にそんなことがあり得るのだろうか。

そんなことを考えていると、年寄りたちの間に父が割って入っていき、一層大きな声で言い放った。

「いやぁ、ふたりとも事故で亡くなるなんて、気の毒ですよねぇ」

それを聞き、ヒソヒソしていた年寄り連中はバツが悪そうにその場を離れていった。

いてもたってもいられなくなり、家に帰った後で父を問い詰めた。父は少し考え込んだ後に「今から言う話は絶対に他言無用だ」と前置きして、事の次第を説明してくれた。


公にはされていないが、鬼に纏《まつ》わる禁忌《きんき》がこの地に根付いている、という。

鬼は子供が好物であり、むやみに住み着く土地に遊びに行くと喰われてしまう。

そんな漠然としたおとぎ話のような内容だったが、父の表情は真剣そのものだった。

そしてそれ以上は何も教えてくれなかった。

次の日、僕は従姉妹夫婦の家へ向かった。

葬式の時とは打って変わって、二人とも僕の顔を見るなり泣き出してしまった。

事情を聞いてもいいものかと躊躇《ためら》っていたが、落ち着いた従姉妹が自ずと話し始めた。

三日前、夫婦家族は四人でハイキングに出かけていたという。

と言ってもお洒落《しゃれ》なものではなく、家からさほど遠くない名も知らない山に遊びに行き、施設などもない大自然の中でのんびり過ごそうとしたらしい。

昼ごろになり休憩を取ろうとした頃、山の中腹あたりで石段を見つけたのだという。

石段の先は木々の葉でよく見えなかったが、その奥にある開けた場所に繋がっているらしかった。

子どもたちが興味を示し、石段を上がっていった先にはちょっとした広場があった。

その広場の中ほどに、苔むした鳥居が佇む。

奥には境内が広がっており、緑青の目立つ古びた社が一つだけポツンと建っていた。

松の木が周囲に生えていて、なんとなく侘《わ》び寂《さ》びという言葉が頭に浮かんだ。

昼間だったこともあり不気味な印象はなく、むしろ穴場を見つけた、と家族で喜んでいたそうだ。

広場は休憩にもちょうど良さそうで、そこで昼食を摂ることにした。

後ろを向くと麓《ふもと》の景色が少しだけ見え、風も良く通り、とても気持ちのいい場所だったという。

そのうちに兄弟が境内で遊び始めたが、目の届く範囲ならいいかと思い、自由にさせていた。

夫婦も久しぶりの運動に疲れて、しばらくシートの上で横になって寛いでいると、境内で遊ぶ子どもたちの声が一層楽しそうになってきた。

一応神社なのだから、境内の何かを壊したりしたら大変だと思い、子どもたちの方に向かうと、子どもたちは三人になっていた。

あれ？　と思い、目を凝らしてよく見ると、古い格好をした子供が一人混じって一緒に遊んでいたという。

その子は濃い鼠色《ねずみいろ》の着物に帯を締め、草履を足に履いていた。

珍しい格好の子だな、どこから来たのかな、と考えていると、その子が「次は僕が鬼」と言った。

どうも鬼ごっこをしているらしかった。

着物の子が蹲《うずくま》り「いーち、にーい」と数を数え始める。

それを機に兄弟がわーっと散らばって走り出す。

「きゅーう、じゅう！」

その子が立ち上がったが、その瞬間、背筋に冷たいものが走った。

その子が「十」を数えた瞬間、首から上がすごい勢いで真後ろにグリッと向いたのだ。

そして不自然なくらいピンと背筋が伸び、首を追って身体がグルリと回ったのだという。

泣いているとも笑っているとも取れる、泣き笑いのような表情だった。

あまりのことに驚き固まったままでいると、とんでもない速さでその子が走り始めた。

だが、それがあまりにも不自然な動きだったという。

膝は曲がらず直線で交互に動き、腕は肘を九十度曲げたまま交互に動くのだが、足が交互に動く際の腕の動きがズレている。

足が四回交互に動けば、腕の方は一回しか動かない。

腕を一回交互に動かしたら、首の向いてる方向が右、左、と一回ずつぐるん、ぐるん、と勢いよく左右に振れる。

例えるなら、出来の悪い人形を無理やり動かしているような、人体の自然な動きじゃない、気持ちの悪い動きだった。

呆気にとられたままその様子を見ていると、弟が先に捕まってしまった。

すると、弟も着物の子もピクリとも動かなくなった。

その位置は松の木の向こうで見通しが悪く、どうなったのか心配になった従姉妹は、先ほどからピクリとも動かない弟の方に駆け寄ろうとした。

しかし強い風が吹き、瞬きをしたその瞬間のことだった。

着物の子の背後、松の葉の隙間で少ししか見えないが、異常に黒い肌をした、背の高い何者かが立っていた。

はだけたボロボロの着物を着ており、真っ黒の右腕だけを出していた。その右腕で着物の子供の首を掴むと、そのまま勢いよくねじり、子供の首が兄の方に向いた。

そのまま子供を持ち上げると、ぴんと背筋が伸び、今度は逆の手で身体をねじった。

次の瞬間、腹の底まで響く咆哮《ほうこう》のような低い大きな音が轟《とどろ》いたかと思うと、着物の子が先程と同じように奇妙な動きで、兄の方に向かってすごい速さで駆けていった。

そこまで見たところで従姉妹はついにパニックになり、悲鳴を上げたところで記憶をなくしてしまった。

次に気がつくと、家のベッドに戻っていた。

旦那さんにおぶってもらい、家に帰れたそうだ。

あの後、どうなったのかを聞くと、子どもたちは二人だけで遊んでおり、帰るときも普段どおり大人しくついてきたという。

そんなはずはないと、あのときに見たものを伝えると、子どもたちはそうそうと肯定した。

知らない子と遊んでいた、と。

次の日の朝、子どもたちは二人共寝たまま息を引き取っていたのだという。

葬式の時のあの振る舞いは、僕の父方の祖父母に「そうしていろ」ときつく言われたからだそうだ。

何度も理由を聞いたが「そうしないといけない」としか言われなかったらしい。

何が起きているのか、何が原因で子どもたちは命を落としたのか、何もわからない。

それまで泣きじゃくりながら、事の次第を話してくれた従姉妹だったが、話が終わるとすっと落ち着きを取り戻し、今の話は忘れてくれと頼んできた。

僕自身、そんな突拍子もない話を聞かされて混乱していたのだが、何かとてもよくないことが起こっていて、それが簡単に済むような話じゃないのはなんとなく理解した。

ご愁傷さま、とだけ声をかけ、僕は家を後にした。

最後に従姉妹夫婦を振り返った時、背後に揺れる布のようなものが見えた気がした。

それからしばらくして従姉妹夫婦は忽然《こつぜん》と姿を消し、それからまた数週間経った後に、山中で遺体が発見された。

再び葬式になったが、子どもたちと同じように誰も何も喋らない葬式だった。

その後、父と祖父母に何回も事の真相を聞き出そうとしたが、絶対に何も教えてくれなかった。

従姉妹夫婦がハイキングに出かけたという山にも何度か行ってみた。しかし、彼女はその廃れた神社がどこにあったのか詳細は教えてくれなかったし、結局は何だったのかわからない。

従姉妹夫婦の話を完全に信じたわけではないが、これ以上首を突っ込むのも躊躇われた。

それ以降、僕は山に近づくことをやめた。

教室の穴漁り

高校時代の友達から聞いた話。

彼が小学五年生の頃、休憩時間にする友達との遊びの一つに「穴漁り《あなあさ》」があった。通っていた田舎の古い校舎の五年生教室の床板には、一箇所大きな隙間――というか穴が開いていた。

人の足がハマるほどのものではないが、消しゴムなどの小物が中に落ちることがあった。ガムテープの粘着面を外側に丸めて、教室にある長い物差しの先端にくっつける。それをその床穴に突っ込み、宝探しをするのが穴漁りだった。

その日は珍しく物差しの先端にくっついた「獲物」が穴に引っかかり、抜けなかった。「今日のは大物だな」などと友達と盛り上がり、手をねじ込んだりしながらようやく取り出してみると、出てきたのは古い新聞だった。

大物だと期待も高かっただけに、いつもより多いギャラリーは一同ガッカリして数人は帰っていった。

しかしせっかく苦労して取り出したのだからと、この日のニュースに何か面白いことがないかと、残った友達に囲まれた中心で紙面をめくる。

新聞の日付は『昭和〇〇年△△月□□日』だった。

古臭くて、よく言葉の意味もわからないようなことばかりの見出しを流し読みしながらページを進めると、一ページ、何かでベッタリと貼り付いて開けないページがあった。

無性にそのページが気になり、破れないよう慎重に左右に力をかけていくとパリパリと少しずつ開いてきた。

燻《くす》んだ茶色っぽいシミで貼り付いているようだ。

ある程度開いたところでバサッと一気に剥《は》がれ、ページが開いた。

「おおっ」という歓声の直後、全員が凍りついた。

開いたページの中央いっぱいに燻んだ黒茶色のシミが広がり、くっきりと人間の苦悶の顔が浮き上がっていた。

少し遅れてこのシミは血だと思い至った瞬間に、彼は新聞を投げ捨て、ギャラリーは蜘蛛の子を散らすように逃げだし、教室は騒ぎになった。

戻ってきた教師に事情を説明すると、教師は新聞を持ち去った。次の授業は自習となったが、その後、教師から新聞について語られることはなかった。

夜、親に教室であったことを話すと「ふうん、そういえば」と、昔その教室で生徒が自殺するということがあり「関係があるかもね」と冗談交じりに教えてくれた。

後日、友達と町の図書館で調べてみると『昭和○○年△△月□□日』に、同教室でいじめを苦にした生徒の自殺があったということがわかった。

そして当時の卒業アルバムも見つかったので、自殺したと思われる生徒の顔写真を見て息を飲んだ。

あの顔だった。

特にその後、事故だの祟りだのといったことはない。

しかしなぜそんなものが教室の床下から出てきたのだろうか。

にせもの

皆様は、行ったことのないところで見かけられた、その日ずっと家にいたのに「○○にいたよね」など、言われたことはありますか?


私が小学二年生の夏休みのことです。

お盆に近くの公園で花火大会に参加していました。

厳しい両親からは、「迎えに行くまで絶対に公園のフェンスから出るんじゃないぞ」と言われておりましたので、きちんと約束を守っていました。

花火大会が終わると、家がお隣のおばさんに、「送ってあげるから一緒に帰ろう」と言われたので、私も、おばさんに送ってもらうなら大丈夫だろうと思って一緒に帰りました。

家に着き、「ただいまー」とドアを開けると、両親はきつい目で私を見ました。

「あれだけ公園の外に出るなと言ったのになぜ守らなかった」と厳しく叱責されました。

私が「お隣さんが一緒に帰ってくれただけだよ」と言うと、

「さっきからずっとうちの周りをぐるぐるまわって遊んでいただろう!」

両親は身に覚えのないことを言います。その夜は両親ともお酒を飲んでいましたので、何を言っても一喝されてしまうので、泣く泣く怒られて終わりました。

ですが納得のいかない私は次の日、母に昨日の出来事を聞いて思わず震え上がりました。

母の話にはこうでした。

花火大会が始まった夜七時三十分頃、暑くて開け放っていた台所の小さな窓から、砂利を踏む足音が聞こえ、茶の間にいた父が「誰だ！　そこで何してる？」と問いかけました。

すると、私の声で「T美（私の名前）だよ！　ドアを開けて」と言ったそうです。

物騒ですが、私の家では全員が帰ってくるまで鍵をかけません。

なので父が、

「鍵は開いてるだろう、早く入りなさい」

と言うと、また、

「T美だよ、開けて、開けて」

と頑《かたく》なに繰り返したそうです。

そして砂利《じゃり》を踏む音とともに開いている窓から、同じセリフをひたすら繰り返していましたが、両親も重い腰を上げてドアを開けることはしなかったそうです。

そのうち私が帰ってきたので、開口一番怒られてしまった、ということでした。

その後、お隣さんの証言もあり両親は信じてくれましたが、私と同じあの声はなんだったのでしょう。

また、もし両親が玄関のドアを開けていたら、いったい誰が入ってきたのでしょう。

ちなみに私は自分のことを「T美」と名前で言いません。

そして、社会人になってからも時々「○○で見かけたよ」と知り合いに言われます。

そのたびにあの出来事を思い出し、ぞっとしてしまいます。

私と三分の一ほど、かぶっていました

つい先日の出来事です。

掃除洗濯などの家事を忙しくこなしていた朝。

リビングのドアから出ると廊下に女性が佇《たたず》んでいました。

慌ただしくドアを開けて廊下に出たため、「あっ」と思った時には、その女性は私と三分の一ほど体がかぶっていました。

女性の顔は私の肩に乗るような距離にあり、どこを見ているのかはっきりしない無表情な印象でした。

今の家には七年前に家族で越してきました。

当時、築十数年になる一軒家でしたが、広さと安さが魅力で家族で即決しました。

しかし、入居して間もなくおかしな影を見ることになりました。

我が家は玄関から真っ直ぐ伸びる長い廊下があり、突き当りが浴室になっています。

廊下の左右はリビングや階段などがあります。

そのリビングにいると、廊下を浴室から玄関に向かって黒い影がスーッと通っていくのを時折見かけるのです。

初めは引っ越しで疲れているのかと思い、誰にも言わず気にしないようにしていました。ところがある日、長男が言いにくそうに私に相談してきました。

「黒い影を見かける」と。

私だけが何か感じるのなら何もないことにしたいのが本音でしたが、息子も同じものを見ているので否定はできず、「じゃあ、お父さんにも聞いてみるね」ということになりました。

主人は霊的な現象を否定はしませんが、「元気がないとそういうものに出くわす」「実生活を元気にやっていこう」という考えの人間です。

この家に越してきてからも強くて明るい前向きな言動は何も変わっておらず、こんなことを相談したら「君、今元気ないの？」と心配されるのではと不安でした。

しかし私と息子が見たものについて相談してみると、意外なことに「オレも見たよ」と即答でした。

友人知人に霊能力者はもちろん、霊現象に関心がある人さえ皆無で、黒い影を時折見かけるまま、日々の忙しさに流されて過ごしていました。

そして、越してきてから数年が経ち、隣近所の人と交流ができてきた頃のことです。

隣の奥さんから「ちょっと変な話だけど」とお話がありました。

内容は、私たち家族の前の前の住人が「この家は、死者が出たなどいわゆる事故物件か」と尋ねてきたというのと、その次の住人はたった一年で転居したとのことでした。

奥さんは長くこの地に住んでいるそうで、私たちの家に以前に死者が出た話は聞いたことがない、その家が建つ前は駐車場だったとのことです。

元々面倒臭がりの私は、「だったら、黒い影を見る程度ならこのままでも大丈夫そう」「でも、もしはっきり見たら怖いだろうなぁ」などと思っていました。

そして、つい先日の出来事です。

掃除洗濯などの家事を忙しくこなしていた朝、リビングのドアから出ると廊下に女性が佇んでいました。

慌ただしくドアを開けて廊下に出たため、「あっ」と思った時には、その女性は私と三分の一ほど体がかぶっていました。

すべて実話で現在進行中です。

街灯の下、土手の下

小学校高学年の夏休み、九州のとある県に住む伯父さんのところに遊びに行った時の話。

毎日、色んなところに連れて行ってもらったり、地元の美味しいものをたらふくごちそうになったり、夜には花火をしたりと、本当に楽しい夏休みを過ごしていた。

その日の夜も、カブトムシを捕りに行こうと、伯父さんと私の二人で車に乗り出かけた。

結構な田舎のこの場所では、カブトムシは山には捕りに行かず、車で山間にある街灯の所へ行くだけでいいのだ。

街灯の光に誘われたカブトムシが、その下の地面をモソモソ歩いているので、そいつをひょいと捕まえる。

何か所か街灯を巡れば、あっという間に虫かごの中はカブトムシでいっぱいになった。

もうこれ以上捕っても、かごに収まらないので帰ることにした。

車は土手の様な所を走っていた。

土手の左手にはアユが捕れる川、右手には葦《あし》だかススキだか、シュッとした草が生える野原が広がっていた。
この道にはほとんど街灯もないのだが、たまに思い出したようにポツンと一本立ってい
たりする。大概は、その街灯の傍に家があったりした。つまりは、その家のための専用街
灯という感じなのだろう。
その日は、半月の月が出ていて、その月光で川の水面や野原の様子がぼんやりとわかっ
た。夏だけど川を渡る風は涼しく、車の窓を開けていると少し寒く感じるぐらいだった。
「ありゃりゃ！」
と突然、伯父さんが素っ頓狂な声をあげた。
速度を緩め、少し先の街灯まで走らせて、その明かりの下に車を停めた。
車を降りた伯父さんがボンネットを開けると、マンガみたいにボワンと白い煙が立ち
上った。
車の故障らしい。
でも心配は要らなかった。伯父さんは車の整備士なのだ。
トランクに沢山積んであるプロ仕様の工具をいくつか見繕うと、ボンネットの中を覗き
込みながらガチャガチャと修理を始めた。
私は特に手伝うこともなく、手持ち無沙汰だったので車から降りて周辺をぶらついた。

この街灯の下にもカブトムシがいるかもと探すと、いた。

メスのカブトムシだったが、せっかくなので満員の虫かごに詰め込んだ。

ふと、街灯があるという事は家があるのかなと、右側土手下の野原を見下ろした。

やはりそこに家はあった。

が、どうやら廃屋のようだ。

真っ暗で、かなり朽ちていて、背の高い草に埋もれる様に存在している。

軒下には錆びた農具類が立てかけてあったり倒れていたりという状況。

それらの農具に混じってベッドシーツのようなものが頭のないテルテル坊主の様に軒下にぶら下がっている。

暗い景色の中にその白いシーツのような布だけが街灯と月光を反射してぼんやりと光っていた。

土手の縁まで行って廃屋に近づいてみた。

それはシーツではなかった。

ボロボロの白い着物のようなものだった。

暗闇に目が慣れてきて、細部が見えるようになってくると、頭のないテルテル坊主じゃないこともわかった。

頭はあった。

闇に紛れるように黒い長い髪の生えた頭があったのだ。

うなだれているのか、顔は覆いかぶさった髪で見えなかった。

やがて、手足もあることに気づいた。

血の気がなく白い着物に同化するほど白い手足。

それは、吊り下がっているのではなく、だらりと軒下に立っているのだ。

私はうなだれた黒髪の頭を見つめていた。

見つめていたというか、目が離せなくなっていた。

その場から一歩も動いていないのに、どんどん大きくはっきり見えてくる。

まるで双眼鏡を覗いているかのような感覚。

すぐそばにいる様なほどに見えた時、うなだれながらも、こちらを睨んでいる目をぞろりと垂れた髪の隙間に見つけた。

途端、強烈な寒気というか怖気《おぞけ》が全身の毛穴を粟立たせた。

私は後ずさりしながら車に戻り後部座席でうずくまって歯をガチガチさせながら震えていた。

「よし！　終わった」

白かった軍手を真っ黒にした伯父さんがボンネットを閉め、運転席に乗り込んだ。

「どげんしたと？　眠かね？」

みたいな感じの方言で、後部座席に横たわっている私に声を掛けてきたので、

「うん……」

と答えた。

キーを回すとちゃんとエンジンがかかり、改めて帰路に就いた。

私は家に着くまで、外の景色を見ることが出来なかった。

時折、虫かごの中で飛ぼうとするカブトムシの低い羽音がとても不気味に聞こえた。

さっきの場所で捕まえたカブトムシが虫かごの中にいるのがなんだか怖くなってきた。

狭いカゴの中で可哀そうだからと伯父さんに告げて、帰宅途中の山あいですべて逃がして帰った。

髪を落とす女

これは私が、高校二年生の夏頃に体験した話。

その年の初夏の頃、私の身の回りでとある現象が頻発していた。

それは、自分のものとは到底考えられない女性の長い髪の毛が、気づくと自分の近くに落ちているというものである。

大抵の人がそんなことはよくあるものだと思うだろうが、その頻度が尋常ではない。

まるでペットの犬や猫が換毛期を迎えたかのような感じで、使っているタオルや衣類にいつの間にかついていたり、私が腰掛けたソファーの背もたれの上にしれっと乗っていたりする。

朝、目が覚めて、違和感を覚えて布団をめくり足元を覗くと、足の指に絡まっていたこともあった。

もちろんペットは飼っていないし、私は男であるが故、そこまでの長髪にしたことはない。

初めは母親のものかとも思ったのだが、母親が茶髪なのに対して、落ちている髪の毛はすべて黒髪だった。

ある夜、同じ部活の友人とスマホで通話をしていた時のこと。

自分以外の家族は既に眠っていて、一人で一階の居間に残り、電気を煌々《こうこう》とつけて友人と喋っていたのだが、突然、友人が「ねえ、今そっちでテレビとかつけてる？」と聞いてきた。

特に自分が見る理由もないし家族も既に眠ってしまっているため、当然テレビをつけてなどいなかった。

なんでそんなことを聞くのか、と友人に問うと、友人は言った。

「だって会話が途切れた沈黙の間に、そっちから女性の笑い声が聞こえたから、てっきり番組に出てるタレントの声かと思った」

全身に鳥肌がブワーっと立つのがわかった。

私は「別につけてねえし。てかそんな冗談よせよ」と言いながら、寝そべっていた体を起こした時、あるものを見つけた。

スマホを持っている両腕と上半身の間にあるスペースに落ちている、一本の長い髪の毛だった。

数時間前、この場に来て寝そべった時には絶対なかったものだ。

私はその時、ひょっとしたらこれまでの長い髪の毛は、その声の主である女性のものなのではないかと悟った。


それからまたしばらく経ったある夜のこと。

課題に追われ、気づけば時間は午前二時を回っていた。

そろそろ寝ようか、とベッドに入り目をつむったものの、それから数分もしないうちに体が動かなくなった。金縛りだ。

恐る恐る目を開けると、私のお腹にまたがり顔を覗き込むような体勢の女がそこにいた。

夜用の小さな明かりに照らされ、逆光のように黒く見えたが、女の血走った目や垂らした髪の毛は不思議とはっきり確認できた。

目を閉じれば怖くないだろうと思って目を閉じたのだが、直後に私の耳のすぐ横で、

「ふふ……ふふふふ……」

と女が笑った。

耳に吐息がかかるほど顔を近づけてきているのがわかった。

そして何故か私も、その女の笑い声につられるように「ふふふ……ははは……」と笑い

だしてしまった。


正直そこからどうなったのかは覚えていないが、知らぬ間に朝を迎えていた。

それ以降、その女も見ていないし、あれだけ苛《さいな》まれていた大量の髪の毛もパタリと出なくなった。

なにがきっかけで自分についてきたのかはわからないが、もう二度と現れないで欲しいと願うばかりである。

僕の覚醒。姉の声で

今から十四年前の話。

福岡県のある町でのこと。今考えれば、この体験が僕の霊的体験の始まりだった。

当時、僕は二十二歳、車が大好きで夜な夜な峠を攻めて走り回る、いわゆる「走り屋」というやつだった。

腕に自信があった僕は、福岡県の峠という峠を遠征して回り、楽しくてしようがない毎日を送っていた。

そんなある日、八月の暑い夜。

福岡県N町のMダム周辺に走りに行った際に事件は起きた。

いや、事故と事件が起きた。

Mダムサイドのコースには便所コーナー、ホテルコーナー、地蔵コーナーなど、カーブごとにあだ名がついていた。そのカーブにある施設や物の名前がつけてあるのだ。地蔵コーナーには、お地蔵さんがある。

そこで、事故は起きた。

そう、僕は事故ったのだ。

走り出してすぐ便所コーナー、ホテルコーナーを過ぎて、地蔵コーナーへさしかかったところで――。

自転車に乗ったお爺さんが飛び出してきた。

焦ってハンドルを切り、車はお地蔵さんを破壊して木に激突して止まった。

自分や車の心配よりも、自転車のお爺さんが心配で、車から飛び出して探したが、見つからない。

と振り返ると無残な姿になった愛車が――。ショックで取り乱してお爺さんのことを忘れ、とりあえず僕は事故処理をすませると、夜中にヘトヘトになり帰宅した。

事故後のいろいろな処理と精神的ショックから、帰宅とともにバタンキューな勢いでベッドに転げ入った。

眠りについて何時間たっただろうか、誰かがしきりに話しかけている感覚があって、ボヤッと意識が目覚めかける。

「……ろ、くん……と?　……ろ、くん……と?」

まだ体は寝ている。目もつむっている。脳だけ動く半覚醒状態。

「ひろ、くん……と?」

「ひろ、くん……と？」

あぁ、姉ちゃんか。

実家に住んでいたので、姉ちゃんがなにか用事があって話しかけてるんだ。

でもこっちはクタクタ。相手すんのめんどくさい。

そう思い無視してると。

「ヒロくん、……と？」

「ヒロくん、……と？」

と、姉ちゃんの声がだんだんはっきり聞き取れるくらい意識が覚醒しはじめる。

ちなみに、僕は姉から「ヒロくん」と呼ばれており、声と喋り方は確実に姉ちゃんだった。

あまりにしつこいので、何の用だと姉ちゃんの声に意識を集中してみると。

はっきりとした言葉で、姉ちゃんが僕にこう問いかけていた。

「ヒロくん、死ぬと？」

「ヒロくん、死ぬと？」

……!?

姉ちゃんじゃない！

その言葉が聞こえた時、そいつが姉ちゃんじゃないとわかった。

僕は半覚醒の状態で、自問自答しながらベッドの上で壁の方へ向き直り、さらに深く目を閉じた。

目の前は壁。ベッドの上。後ろには姉ちゃんの声を真似るなにか。

そいつは相変わらず「ヒロくん、死ぬと?」と言い続けながら近づいてくる。

目を閉じて壁の方を向いていると、そいつはベッドに手をついてさらに近寄ってくる。

マットレスが傾いた。

この感じは、なにかがベッドに手を乗せてさらに近寄ったんだ。

そう思った直後——。

壁の方を向いて目を閉じていたのに、気づけば目が開いている。

目の前は白い壁。

強制的に見せられているような景色にパニックになり、体がガタガタと震え出した。

そして僕の顔と白い壁の間に、長い髪の毛が降りてくる。

髪がどんどん降りてきて、おでこ、まゆ、目——顔全体を逆さまに見せられる。

姉ちゃんの声を真似る見たことない女が、逆さまのまま目の前で、言った。

「ヒロくん死ぬと?」

恐怖が限界を超えて、大声で叫び声をあげて起き上がった。

誰もいない自室に僕一人という状況だった。

姉ちゃんに確認したが、その日は仕事で自宅におらず、寝ている僕に話しかけていないと、きっぱり否定された。

お地蔵さんを破壊してしまったこと。

その直前に見た自転車に乗ったお爺さん。

関連はわかりませんが、非常に怖い体験でした。

感触

これは学生時代に友人から聞いた話です。

その友人は二十代の女性で、元々霊感がとても鋭い女性でした。

初めて行く場所でも違和感があると、嫌悪感や頭痛などで直ぐに「何か」を感じたり視認できたりする体質だったそうです。金縛りの現象はあまりにも日常的で、感覚が麻痺して何の恐怖も感じないとのことでした。

そんな彼女がある日の夜、自宅で寝ている時のこと。

寝室には二段ベッドがあり、上に妹さんが、下に本人が寝ていたそうです。ベッドの足元側には白いカーテンがかけられており、向こう側が見えないようになっていました。

眠りかけた頃、いつもの様に金縛りになったのですが、『またか』程度の感覚で平然としていました。

眼は動くので何気なく足元に向けると、白いカーテンから足が飛び出ているのが見えました。

眺めているうちに、その足が一本、二本、三本……と様々な角度でどんどん増え、最終的には十数本の足が飛び出ているようなことに。

この状態になってもなお彼女は冷静で（幻か幻覚だろう）と、特に恐怖を感じていなかったそうです。

いつもなら無視して寝てしまう彼女ですが、この時は衝動に駆られ……。

（触れるのかな?）

金縛りになっているにもかかわらず必死に上半身だけを起こすと、前屈姿勢をとるように両腕を伸ばして、出ている足の一本を掴もうとしました。

彼女の中では、

（幻だから両手がすり抜けて、直ぐに消えるだろう）

と考えていたそうです。

現実は異なり、両の手はその足をしっかり掴んでしまいました。

その瞬間、恐怖が押し寄せてきて、慌てて手を放すと布団に包まりお経を唱え続けたそうです。

しばらくしてそっと足元を見ると、その足の群れは消えてしまっていました。

彼女が最後に一言つぶやきました。

「あれ、完全に足の感触だったなぁ」

父からの忠告

これは俺が友達と心霊スポット巡りにハマっていた頃に、父から「遊び半分で心霊スポットに行くとろくなことがない。やめろ」と忠告されて聞いた、父の体験した話です。

父がまだ十代の頃。

父と父の弟、友人AとBの四人で、岐阜県の有名な自殺の名所である橋に、夜に肝試しに行ったそうです。

その橋に行くには、外灯もあまりないような峠道を車で三十分ほど登らなくてはいけません。父の運転する車で走っていると、途中に待避場があり、外灯に照らされて男性が一人、車のボンネットを開けて何かいじっていたそうです。

待避場は目的地である橋のほんの手前のところにあったので、父たちは、

「こんなところで故障とか、マジで可哀想だな」

などと言いながら通りすぎたそうです。

そしてまもなく橋に到着すると、車を停車させて降りました。

その場所には三つの噂があります。

一つ目は、橋を渡っていると欄干から手が出てきて引っ張られる。

二つ目は、ある家族が父親の借金が原因で、橋のすぐ横にある駐車場の壁に向かって車で追突し無理心中をした。

三つ目は、橋の手前にある電話ボックスに入ると何かが起きる。

というものでした。

父たちはまず「電話ボックスに入ってみよう」ということになり、誰が入るかをジャンケンで決めることにしました。

結果はAが負け、Aは「どーせなんもないだろ。結局ただの噂だろ」と大声で言いながら入ってみたそうです。

すると突然、強い風が吹きはじめ、さっきまで晴れて星が綺麗だった空が曇り、次第に雨が降ってきました。しかも、どんどんどんどん強くなってくる。

これはマズイということで、慌ててみんなが車に乗り込み、肝心の橋は渡らずに戻ろうということになりました。その時、弟が、Bがいつの間にかいないことに気がついたそうです。

みんなで周りを見わたすと、雨の中、Bが一人で橋を渡っていたのでみんなで、

「おい！　ヤバイって！　帰るぞ！」

と呼び掛けたのですが、まるで何も聞こえてないかのように歩き続けていたそうです。

急いで帰らなければと思っていたので、弟がBのところまで行って肩を叩いて呼び止めると、

「うわ！　俺なんでこんなところにいるんだよ！」

とBはまるで、自分が今まで何をしていたのか、まったくわかっていないような感じだったそうです。

とりあえずみんなで車に乗り込み、急いで来た道を帰り始めました。

Bに話を聞くと、彼いわく、

「Aが電話ボックスに入るとすぐに、橋の袂《たもと》に四十代くらいの男性が立っており手招きをしていた」

という。そこからは記憶が無く、気づいたら肩を叩かれて橋の上に立っていたということらしいです。

その話を聞いて「やっぱあそこはヤバイんだな」とみんなで言いながら走っていると、待避場の近くまで来ていました。

「そういえば、あの待避場にいた人も、車は故障するわ、急に雨が降るわで散々だよな」

などと話しながら待避場の方を見てみると、その場所は、車と人はおろか、車を停められるようなスペースも、街灯も何もなかったそうです。

これは後日談なのですが、その後、四人とも車やバイクなどで事故に遭ったそうです。父と父の弟、Aは骨折や打撲など一週間ほどの入院で済みました。しかし、Bは酷いバイク事故だったそうで下半身が不自由になり、今も車椅子生活をしています。

最初、父からこの話を聞いた時は、どうせ俺をビビらせるための嘘だろうと思ったのですが、父以外の三人に聞いても同じ話をするのでさすがに信じました。

ちなみに俺も友達も、それきり心霊スポット巡りをやめました。

理由はこの話に〝ビビった〟からというのも少しありますが、

「今すぐにやめろ。俺みたいになりたくないだろ？　――って言ってくれる人が俺の時にもいてくれたらな……」

という、Bさんの言葉が決め手でした。

空室清掃

私は関西の方で小さな清掃会社をやっている者です。

その日は何度か取り引きのある不動産屋の依頼で、とある賃貸マンションの空室清掃の仕事でした。

昼の十三時頃、現場に着いた私は管理人から鍵を預かり、依頼のあった三〇一号室に入りました。

部屋の間取りは１Kで、玄関を入ると三メートルくらいの廊下があり、左にトイレと風呂、右側にはキッチンがあります。廊下を抜けると七畳ほどの部屋があり、奥にはベランダという一般的な間取り。

通常の退去後のハウスクリーニングだったので、作業はスムーズに進み、十六時には作業は完了して管理人室に鍵を返しに行きました。

「お疲れさまです。作業完了しました。鍵返します」

「お疲れさん。ところでにいちゃん、床の補修とかってできる？」

「あー、できますけど、どうしたんですか？」

「実は昨日、他の空き部屋のエアコンの付け替えに来た電気屋がドライバー落として、床にキズいってもうてんねんなー。もしいけたら頼める？」

「いいっすよ。何号室ですか？」

「悪いなー、五〇一号室。これ鍵な」

管理人から鍵を受け取り、私は五〇一号室に向かいました。

床の傷はパテで埋めて色を塗るだけなので、十分もあれば終わります。そう思って部屋に入り床を確認すると、私は愕然《がくぜん》としました。

床の傷は合計六箇所もあったのです。しかも普通にドライバーを落としただけで付くような傷ではなく、意図的に床に突き刺したような傷でした。

「騙された！　めっちゃ時間かかるやん」

そう思いましたが、やるしかありません。私は渋々作業を始めました。

作業を開始して三十分くらいすると、管理人が様子を見にきました。

「どう？　直りそう？」

「ええ、いけますけど、これどうしたんですか？　普通にドライバー落としただけで、こんなんならんでしょ？」

「それがな、電気屋が言うにはやで……作業終わって帰ろうと思って玄関で靴を履いてたら、いきなりベルトの腰のところをおもっきり掴まれて、そのまま引っ張られてベランダの方まで引きずられた。全然止まらんから床にドライバー刺してやっと止めたって言うんや」

「マジかよ……」

にわかには信じられません。

私は床の傷をもう一度確認しました。傷は玄関から奥のベランダの手前までほぼ等間隔に六箇所。奥に行くにつれて傷は徐々に深くなっており、最奥のベランダの手前には刺した後、二センチくらい引きずったような傷もついていました。

私は急に鳥肌が立ちました。

「まあ、傷つけた言い訳やと思うけどな。とりあえずワシは帰るからよろしく頼むわ。鍵は後日、郵送でええから」

そう言って管理人は部屋を出て行きました。

正直、そんな話を聞かされた後で、一人でまともに作業できる気がしませんでした。ですが下請けは、とにかく作業を完了させるしかありません。私は恐怖と戦いながら作業を続けました。

なんとか作業を終え、一番深いベランダ手前の傷の補修を終えたのが十七時半。外は薄暗くなってきていました。

「やっと終わった。こんなところ早く出よ」

疲労と恐怖からか、やたら汗をかいていました。

作業と片付けを終えた私は、急いで玄関に向かいました。

管理人の話もあったし、座って靴を履こうという気にはなれず、靴は外に出てから履こうと思い、片手に持ってブレーカーを下ろしました。

その時。

ズリ……ズリ……

部屋の方から何かを擦るような音が聞こえました。

こういう時は絶対に振り返らない方がいい。

本能がそう言っていました。

ですが、電気屋を引きずり込んだモノの正体を確かめたい。そういう気持ちも正直ありました。玄関扉を見つめたまま、冷や汗が止まりません。

ズリ……ズリ……

どうするか。一瞬振り返って、ダッシュで外に出よう。

そう決意した私は、意を決して振り返りました。

そこには首をくの字に曲げ、ガリガリに痩せた三メートル近い老婆がいました。そして天井に頭を擦り付けながらこちらに向かってきていました。

私は大急ぎでドアを開け、外に飛び出しました。

恐怖で体が震えているのがわかります。急いでドアを閉めると鍵を掛けました。

何故かその時、鍵を掛ければ奴を封印できる気がしたからです。

そのまま走ってエレベーターに乗り一階にたどり着きました。

気づいたら尋常ではない量の汗をかいていました。やたら喉が渇いていたのも覚えています。

私はなんとか落ち着き、マンションの前の駐車場に停めていた車に乗りました。

裸足だったことを思い出し、靴を履きました。

「なんやったんや、あいつ……」

そう思って車の中から五〇一号室を確認しました。

何故か、ドアが少し開いていました。

「なんでやねん。あいつ、外出れんのかよ……」

私は二度とこのマンションの仕事はやりません。

代わり

これは、私が実際に体験したお話です。

私の両親は小学生の頃に離婚しており、私は母に育てられました。私には三つ下の弟もいて、二人とも母と一緒に暮らしていました。

高校を卒業するぐらいから、離婚した父とは年に何度か会ったりもしていました。

そんな父がある日、末期癌《がん》であると知らされ、私は父の看病をすることを決めて九ヶ月間の闘病生活が始まりました。

そんな生活をしている時に起こった話です。


同棲中の彼氏や、母親、母親の彼氏みんなで父を支えていました。

闘病してから、四、五ヶ月経った頃に父はホスピスで過ごすことになり、私は毎日ホスピスに通っていました。

私は元々、霊感はある方なのでよく連れて帰っていたみたいです。

母も霊感が強く、ひどい時は二十人ほど憑いてるよって言われることもありました。

私は特に見えたりとかはしないので、母親に言われて「ふーん、そうなんだ。やけに肩こると思った」なんて言ってましたが、いつも母が祓《はら》ってくれていました。

そんなある日、ホスピスの出入り口の自動ドアに向かうと、人影が見えた気がしました。自動ドアのガラスに映ったその人は、私の背後にいるようでした。

病院のパジャマを着た男性のようで、俯《うつむ》きながらも、私の方を見ているのがわかりました。振り返らずに、気にしないように病院を後にしました。

そのまま、帰りは何も起きず無事に帰宅し、彼にその話をしました。

彼は「気にしたらアカンで。すぐ憑かれるんやから」と言い、そのまま先に寝てしまいました。

私も寝ようと彼に背を向けた状態で目を閉じていたら、後ろから抱きつかれました。

普通に彼だと思っていたのですが、なんか変なんです。

声は彼の声なんですが、

「○○？　○○ちゃーん、○ちゃん」

と、私の名前の呼び方をあれこれ変えます。

そして声がどんどん低く、こもるようになり――その時に気づいたんです。

金縛りにあっていると。

そして背後から腰に回されていた手は、いつしか私の頭をぎゅーっと締めつけてきます。

声も出ないし、動けない。怖い！　と思っていると突然、金縛りが解けました。

慌てて寝ている彼のほうに向くとしがみつき、頭から布団を被りました。

「もう終わったのかな？」と思っていると、やけに家の中が騒がしいのです。

そこら中を走り回る足音、たくさんの人の声……。

布団から出たらダメだ！　と思っていたら、また金縛り。

すると誰かが私の被っている布団を頭からずらそうとします。

「やめて！　やめて！　助けて！」

声に出して言っているつもりが、彼はまったく起きてくれません。

とうとう頭が布団から出そうな時に、彼が「どうしたん⁉」とようやく起きてくれました。

その瞬間、私は号泣しました。本当に怖かったんです。

夜中の三時頃でした。

しばらく一緒に起きてくれて、一連の話を聞いてもらい、その日は部屋の電気をつけたまま寝ました。

あまりに怖かったので、翌朝すぐに母に電話しました。

話し終えると母は、びっくりしたように言いました。

「それ、相当に強い霊やな。あんたがその話をしている間、台所にかけてあるフライパンがずっと揺れてた」


それからしばらくは、何も無く過ごしていました。

父の看病しながら、ホスピス通いも続きました。

あの夜の出来事も、忘れかけたある日、母が家に泊まることになりました。

お酒も入り、少々酔っ払った母は、リビングで寝てしまっていました。

私が片付けをしていると、突然「こっちに来なさい！　あいつが来た！」とすごい勢いで私に怒鳴りました。

私は、あいつって？　もしかしてこないだの……と思い、すぐに母に駆け寄りました。

母は、

「この子から離れなさい！　あなたに何もしてあげられないから！」

と、私を抱きしめながら見えない相手に叫んでます。私も母にしがみついていました。

そして、あいつがいなくなったのか、母は私を離すと、どうしてそんなに私に固執するのかを説明してくれました。


どうやら、その男性は父と同じ癌で亡くなった方のようで、男性には娘がいたそうです。

その娘がまさかの私と同じ名前。

漢字は違うのですが……。

その男性は娘から、看病してもらえなかったらしい。

だから、父に付きっきりで看病している私に何かして貰えると思っていたようです。

気づいてもらうためのイタズラだったみたいです。

でも、これで離れてくれたのかな、と思うとホッとしました。


数週間後、弟が実家に帰ってきた時に、この話をしていました。

私が「フライパンが風のないところで揺れたらしいで！」と話をすると、弟が「あー、あんな風に?」ってキッチンの方を指差すとフライパンが一つ、勝手に揺れていました。

見た瞬間、鳥肌と「ひーーぃっ！」ってなんとも声にならない悲鳴を上げていました。

そんなことがあってから、我が家ではその話をするのを禁止しています。

下校途中

短い話です。

中学三年生の頃だったと思います。

その頃毎朝、友人Nと待ち合わせて一緒に登校していました。

夏まで私は部活をしており、帰りが遅かったので下校の時はバラバラでしたが、引退後は学校の正面玄関で待ち合わせ、一緒に帰路につくようになりました。

ある日、ザーザーと雨が降る夕方。

私はNとお喋りを楽しみながら帰っていました。

夕立だったのでしょうか、頭の上は真っ黒な雲で覆われていましたが、西の空は夕焼けで明るかったのを覚えています。

赤い光が空に滲み、少し不気味な空でした。

登下校で使っていたルートに、両側を田んぼで挟まれた真っ直ぐの道がありました。

ひらけた場所でしたが、そうは言っても住宅地の一角なので、街灯も多く、キョロキョロと見渡せばずらっと並ぶ家々が目に入ります。

不気味な空の下、丁度その道に差し掛かろうとしたとき、道の真ん中に何かが見えました。

視力の悪い私は目を凝らし、Nに言いました。

「あれ？　大丈夫かな？」

「なにが？」

「ほら、だれか道路に座りこんでる！　おばあちゃん、かな……？」

暗くなりつつある雨の中、目を凝らしてもぼんやりと見えるだけでしたが、水浸しの道路にだれか座っているように見えました。

釣られてNもじっと前を見て確認していましたが、正体がわかるよりも先に私たちはすこし歩みを早めていました。

具合が悪いようなら大変でしたから。

雨は騒がしく降り続いていました。

びしゃびしゃになったアスファルトに、街灯の光が滲んでいました。

もうだいぶ近づいてきたとき、ぴたり、とNの足が止まったのです。

同時に私の手をぐっと掴みました。

ほとんど駆け出していた私はバランスを崩し、何事かとNの顔を振り返ると、じっと前を見て表情が固まっているN。

「だめだよ、あれ違うよ」

先程まで向かっていた方向に、振り返りました。

改めて確認すると、確かに老人（そう見えました。女性か男性かはわかりません）が道にいました。

ぼろぼろの着物のようなものを着た、というよりも麻布を体に巻きつけるようにしたびしょ濡れの老人が、座りこんでいるのではなく、体を小さくして道に這いつくばっていたのです。

顔は詳しくは記憶していません。

それでも、ガバッと開いた口と、限界まで見開かれたギョロっとした目を覚えています。

確かに〝違う〟。

あれは生きた人間ではありませんでした。

私たちは悲鳴をあげ逆方向へ駆け出しました。

すぐに、家が立ち並ぶ小さな交差点があったので、そこを曲がり住宅地に駆け込もうとしました。

その瞬間、ふと（もしかすると本当は、倒れて助けを呼んでいる人だったのかも）と思い、角を曲がる直前、道の方を振り返りました。

そこには誰もいませんでした。

あれから十年ほどが経ち、実家から近いこともあって今でもその道を通ることはありますが、あの夕立の時以来、同じ経験はしていません。

来訪者

ある日のこと。

私が台所で夕食の後片付けをしていたところ、玄関の方から「おーい……おーい……」と誰かが呼ぶ声が聞こえてきました。

実家に住んでいるのは両親と兄、そして私。

私にはもう一人兄がいます。彼は実家を出て一人暮らしをしているものの、ちょくちょくと帰ってきていたので、その兄かと思いました。

しかし玄関のすぐそばにいる母は、声が聞こえていないのか無反応です。同じ部屋にいた兄も無反応で、父に至っては眠っていたので、私以外誰も声に気付いていない様子でした。

そもそも「今から帰ってもいい？」といつも連絡をしてくる兄らしくないな、と感じた時に、ふと頭に浮かんだ話がありました。

どこで聞いたのか読んだのか、幽霊は人に開けて貰わないと中に入れないのでなんとかして扉を開けてもらおうとするという話。

まさかそんなわけない……きっとお隣さんを訪ねてきた誰かの声が聞こえているんだろう。そう思って、台所の電気を消して母たちのいる部屋へと向かおうとしたところで、また聞こえました。

「おーい……おーい……」

それは確実にうちへの呼びかけでした。

誰かが、玄関の外にいる。

そう思い、母が勝手に扉を開けないように「兄さんから連絡きてないよね？」と声をかけました。そうしたら母は「来てないよ？　え？　来たの？」と、止める間もなく玄関の扉を開けてしまいました。

「違うから、すぐに閉めて！」

思わずそう怒鳴ってしまった私に驚いて、母が扉と鍵を閉めなおしましたが、私は冷や汗が止まりませんでした。

ずっと聞こえていた「おーい」という呼び声が、玄関を開けた瞬間から聞こえなくなったからです。

「どうしたの？」と尋ねてくる母に何も言えず、私は曖昧な返事を返しながら、早々と寝支度を整えて就寝してしまいました。

翌朝、なんとなく嫌な気分ながら起きると、母もすでに起きており「不思議な夢を見た」と言ってきました。

聞くと、夢の中では家に母が一人。

玄関のチャイムがずっと鳴っていて「どなたですか？」と声をかけるも鳴りやまない。

不思議に思いながら、玄関を見ると、十五センチほど扉が開いている。

「あれ？　鍵を閉めなかったかな？」

そう思って近寄ると、外に見ず知らずの老婆がいて、その隙間から家の中をじっと見つめている。

顔を半分だけのぞかせたしわくちゃの顔に驚いて、固まっているところで目が覚めた、という母。

「不思議な話でしょ？」と笑っていましたが、私にとっては笑い事ではありませんでした。

母は用事があるから、とその後、出かけていきましたが、私は一人で家に残されてガタガタと震えるしかありませんでした。

夢の中では家に入ってきていなかったんだ。

大丈夫。誰もいない。

そう自分に言い聞かせている時、

ばたんっ！

勢いよくドアを閉める音が聞こえました。

驚いて確認しに行くと、家の奥にあるトイレのドアが閉まった音のようでした。

このトイレの戸は、昔からひとりでにばたんばたんと開閉して気持ち悪かったのですが、いつもは風のせいだろうとあまり気にしていませんでした。

今回もそうだろう……一応確認するも、トイレの窓は閉まったまま。

トイレへと続く廊下の窓も同じでした。

あまりにも恐ろしくなり、私は財布と携帯を握りしめ、急いで家から出ようとしました。

とにかく、この家に一人でいたくない。

玄関の扉に手をかけた途端、再び、
ばたんっ！

トイレの扉が思い切り閉じられた音が、家の奥から聞こえてきました。

叫びそうになりながら家を飛び出し、母や仕事に行った兄が帰ってくる時間まで、私は戻れませんでした。

這いずる

これは知り合いの霊感持ちの主婦Ａから聞いたお話です。

ある日の晩、Ａは普通に布団に寝ていました。

隣には旦那さんがもう寝息をたてていたそうです。

やがてＡもうとうとし始め、眠りにつきました。

何時なのかはわかりませんが、突然目が覚めたＡ。

体は金縛りにあっていて、辛うじて目だけが動かせる状態だったそうです。

周りを見渡すと、閉めたはずのドアが開いていました。

するとドアの向こうの廊下から微かな音がするのに気づいたそうです。

ズッ、ズズッ、ズッ、ズズッ
何かを引きずるようなその音が、段々とこちらに近づいてきているのだと思ったそうですが、体は金縛りにあったまま動けません。

唯一動かせる目でドアをじっと見つめていました。

ズッ、ズズッ、ズッ、ズズッ、ズッ、ズズッ少しずつその音が大きくなってきて、こちらに近づいてきているのだと思いました。

はじめ目に入ってきたのは、細い指、それが一旦後ろに下がってまた前へ、そうやって少しずつそれの全体が見えてきました。

這いずりながら、こちらへ少しずつ近づいてくるそれは、長い髪で顔は覆われ、もとは白い着物のようなものだったと思われるボロボロの少し黄ばんだ着物を着ていたそうです。

Ａの足元まで来ると、布団の上に上がってきたそうです。

段々と顔が近づいてきて、長い髪の間から見える目は見開かれ、Ａを見ていたそうです。

そこでＡの記憶はなくなり、気がつくと朝になっていました。

起きて寝室のドアを見ましたが、閉まっていました。

夢だったのかと思いましたが、自分が気を失う寸前、それの顔が見覚えがあるように感じたのと、「お墓」と言ったような気がしたそうです。

そこで、Ａは母親に電話で、何かお墓でわかることはないかと聞いてみたそうです。

母の話では、そういえば自分の親族のなかで、しばらくお墓参りをしていないお墓があると。Ａからいえばおばさんにあたる人だそうで、霊感が強いＡのところにそれを伝えにきたのではないかということでした。

そのあとはそういったことはなくなったそうです。

ざくろ

それは、俺が登山にはまっていた頃のこと。

そこは、関東では一番の標高を誇る、東京都、埼玉県、山梨県の県境にそびえ立つ、雲《くも》取山《とりやま》。

天気が良ければ、頂上から都内の高層ビル群も一望出来るという、関東の登山好きには人気の山。標高こそ二千メートル級ではあるが、いくつかのルートによっては、富士登山よりも難易度が高く、日帰りでの下山となると難しい。


仲間を含めた俺たち三人は、一泊二日で、まだ山の中腹から雪の残る、三月中旬の難しい時期を狙って、車で麓まで向かった。

麓の売店で、用意し損なった小さな備品や非常食の調達をしている時だった。

これから登山を始める登山者たちの高揚感を感じる賑やかな店内で、何かの視線を感じ、店内を見回すと、売店のレジにいた老婆が、やたら俺のことを凝視している。

気のせいではないかと、店内を移動するも、やはり俺へ冷たい眼差しを送り続けるその老婆。

買う物を持ってレジへ行き、何食わぬ顔で会計を求めた俺に、老婆が一言こう言った。

「これから、あんたは必ず帽子を深く被った下山者に、『こんにちは』と挨拶をされるよ。絶対に、絶対に挨拶をし返しちゃいかんからね」

意味がわからなかった。

他の会計を済ませた客や仲間も、そんな話はされていない。

少し不快感を抱いたが、仲間たちや他の登山者たちの楽しそうな顔を見て、自然と気分転換ができた。

時刻は午後三時過ぎ。登山を始めて八時間が経過した頃。

辺りは真っ白の銀世界だが、周りの木々には所々、葉や芽が生えており、溶け出した雪の隙間から草が顔を覗かせ、生命の息吹を感じる。普段なんとも思わない菓子や即席料理、バーナーで沸かしたドリップコーヒーも格別だ。鳥たちのさえずりも心地よい。

かなり早いペースで頂上に近づいているのを確かめた上で、大きな岩場で一息ついている時のことだ。

急に辺りが静かになった。

小鳥たちのさえずりも、風による木々のきしみ音も、何もかも。

気づくと、進行方向から、一人の下山者が、こちらに向かって来るのが見えた。

と同時に、強烈な耳鳴りと、錆びた鉄の様な、異臭を感じた。

下山者は男か女かはわからず、大きな麦わら帽子を被り、顔は見えない。

タイの僧侶が着る僧衣の様な格好をしている。

右足を引きずる様な格好で徐々にこちらへ向かって来る。

距離がかなり近づいた時に気付いた。足音がおかしい。

俺たち登山者は、所々凍った雪の上を円滑に歩くのに、アイゼンを靴に装着しているため、〝ザク ザク〟と音を立てる。しかしその下山者は〝グチャ グチャ〟と、粘り気のある柔らかい何かを踏み潰す様な音をさせている。

異変を感じ、仲間二人を見るも、どうもその異様な下山者に気づいていないようだ。

この時の俺は、耳鳴りを通り越し、アナログテレビの砂嵐のような音と、一部読経のような無機質な音が聞こえていた。

恐怖で指先一つ動かず、今にも絶叫し助けを求めようとしたその時、ゆっくりとその下山者が目の前を通り過ぎた。

真正面に来た時に一言。

『こんにちは』

耳元で、確かにそう囁かれた。

俺はとっさに早朝の売店の老婆の話を思い出した。

視線を逸らしていたので、ソレの顔こそ直視で見なかったものの、帽子のツバの下の耳の穴から血を流し、イビキの様な音を〝グー グー〟と立てていた。

どれくらい時間が経ったのだろう。気づけば異様なソレは居なくなっていた。

多分、しばらく俺の顔が引きつっているのを仲間が感じ、ほとんど会話をすることなく、とにかく急いで頂上にある山小屋に向かった。

話したことによるフラッシュバックが恐ろしくて仕方なくて、仲間にも話せなかった。

山小屋に飛び込む様に逃げ込み、他の登山者の目を引く中、管理人だという女性から、

「良かった……」

と声を掛けられた。

意味がわからず尋ねると、麓の売店から連絡があったとのこと。

毎年登山者の中には、遭難死や滑落死が後を絶たないが、俺が遭遇したあの下山者は、地元や一部の登山者から「ざくろ」と呼ばれ、挨拶をし返すことで滑落死へと追い込む悪いモノだそうだ。

ソレが幽霊か、妖怪か、はたまたヤマノケか、詳細はわからない。

ソレに誘われ滑落死した登山者の遺体の損傷が激しいことから名付けられた名前なのは容易に理解出来た。

翌日、頂上の景色も早々に急いで下山をしたのは言うまでもない。

連れてきた霊が連れていった話

三年ほど前の話だが、私の会社の同僚が退職することになり、送別会をしようということになった。

同じ部署ということもあって、私を含めて三人が幹事をすることになり、ひとりは場所の予約と会計係、ひとりは当日の進行役、そして私は撮影係になった。

送別会の場所はいつも利用している古民家を改装した居酒屋で、仮に「おたふく屋」としておく。

この「おたふく屋」は、本当に一軒の古い家屋をそのまま居酒屋風にしただけなので、一階はキッチンの部分にカウンター席、広いリビングの部分にテーブル席が七つあるだけだった。

二階は八畳と十二畳の和室で、襖《ふすま》で仕切られている。

この襖を外すと広くなり、大人数の時でも利用できた。

今回は、合計二十名ほどの送別会だったので、二階の十二畳のほうの和室で予約を入れ、
私は他にプレゼントや花束などを用意して、当日「おたふく屋」に行った。

玄関を入り、カウンターの前を通って、すぐ横の急な階段を上がると廊下があって、左側に十二畳の和室の入口がある。部屋の戸は開いていたので、そこで靴を脱いで部屋に入ると、まだ誰も来ていなくて、取りあえず荷物を下ろした。

その時、一瞬部屋の照明が消えびっくりしたが、すぐに点いたのでほっとしてまわりを見ると、入口から真正面にある床の間の右隅に、黒い影が見えた。

私は照明が消えて暗くなり、すぐに点いたので、目が錯覚を起こしたのだろうと思い、パチパチと瞬きを繰り返した。

すると、床の間の黒い影は、すぐに消えて見えなくなった。

メンバーが集まり送別会が始まって、私は自分の担当である撮影に集中した。

念のため、もう一人別の人にも撮影をお願いし、自由に撮影して頂いた。

後でまとめて編集して、退職する愛さん（仮名）に渡そうと思っていた。

主役である愛さんは、床の間の前に座っていたので、自然とみんなが順番に愛さんのまわりに集まり、私が写真を撮った。

一枚、また一枚と愛さんを中心にまわりを囲むようにして、写真撮影をした。

その時は、何も異常が無かったと思う。

ところが、送別会の後半で愛さんに花束を渡して、お別れの言葉を頂いている時に、私がデジカメを向けると、再び異変に気が付いた。

愛さんの真後ろの床の間の右隅に、またもや、黒い影が現れた。

それが今度は、はっきりと人の形に見えたので、驚いて声が出そうになったが、愛さんが泣きながら話している最中だったので、なんとかこらえた。

私はデジカメから目が離せず声も出せない状況だったので、ただそのまま固まっていた。

その黒い人影は、身体つきは男性のようで、恐らく後ろ向きに立っていたと思う。

私はそれが人影であると認識できた途端、急に恐怖心に襲われ始めた。

ガクガクと震えが止まらなくなり、そのままその黒い人影を見つめていた。

我に返ってデジカメから目を離すと、その姿はスッと消えてしまった。

まわりを見るとみんな愛さんに注目していて、泣きながら話す彼女に、

「頑張れ」

などと声を掛けていた。

他の人には、あの黒い人影がまったく見えていないようだった。

私は帰宅してすぐに、データをパソコンに移して確認したが、パソコンの画面で見る限り、あの黒い人影はまったくどこにも写っていなかった。

動画もあったが、まったく異常なし。

後日、もう一人の撮影者の分のデータをもらったが、そちらもまったく異常はなかった。

私は安心して編集作業を終え、ディスクにまとめてそれを愛さんにプレゼントした。

しかしすぐに帰宅した愛さんから、驚きのメールが届いたのだ。内容は、

「帰ってすぐに、ディスクをパソコンに入れて、見ようと思ったら、すぐに一枚の写真がデスクトップ一面にいきなり出てきて、その写真をよく見ると、自分（愛さん）のすぐ横に髪の長い女が白く薄っすらと立っている」

というものだった。

「髪の長い女？　私が、見たのは、後ろ向きの男だったはず……」

私は、驚いて、自分用にコピーしていたディスクをレコーダーに挿入して、テレビの大きい画面で確認した。

「あっ」

びっくりだった。

そこに、居た。

間違いなく愛さんのすぐ横に髪の長い女が、薄っすらと立っていた。

そしてその白いのっぺりとした顔が、笑っている。

編集の時には、まったく気が付かなかった。

それだけではなかった。

もっと怖かったのは、花束を抱えた愛さんとその髪の長い女の間、あの床の間の右隅に、黒い男がいた。

そして、前は後ろ向きだったのに、この時は横を向いていた。痩せこけた顔で、目だけを丸く大きく見開いて、怒っているかのように険しい顔をしていた。

この一枚の写真にだけ、二つの霊が写り込んでいた。

ちなみに愛さんには、髪の長い女しか見えてないようだった。

見える時と見えない時があったり、見える人と見えない人がいたり、心霊写真の証明は時として難しい。

しかし一度見えてしまうとロックオン状態になり、何度でも見えてしまう。

私は怖くなり、すぐにディスクを取り出した。

そして、引き出しの奥へとしまい込んで忘れることにした。

それから半年位経った頃。

夜、私は自宅の二階の部屋でレコーダーでダビング作業をしていて、空のディスクを探していた。

そして不覚にも、あの恐ろしい霊の写り込んだディスクを再生してしまった。

テレビの画面いっぱいに、また愛さんと髪の長い女が現れた。

しまったと思って停止ボタンを押そうとしたら、急にレコーダーが、

「ガタガタガタッ……」

と大きく揺れ始めた。

何が起こっているのか、まったくわからない。

「ガタガタガタッ……」

停止ボタンを押しても、まったく反応しない。

画面の中の後ろ向きだった男は、

「うわっ……」

真っ直ぐにこちらを睨みつけていた。

画面の中の大きく見開いたその目と目が合った瞬間、その男の姿が消えて無くなった。

「あっ」

と思っているとすぐにレコーダーから、黒い煙のようなものが出て私の目の端を横切っていった。

私は金縛りのようになり、身体を動かすことができなかった。

その時。
一階で、飼っていた猫のもの凄い叫び声が聞こえてきた。
「にゃーーーー、にゃーーーー、ぎぃゃーーーーーーー」
そして、続いて、家族の叫び声が。
「うわぁーーーーー」
いつの間にか黒い煙は消滅し、私の金縛りも解けていた。
急いで悲鳴の聞こえた一階に行くと、飼っていた猫が急死していた。
病気で弱ってはいたが、すぐに死んでしまうような状態ではなかったはずだ。
突然のことに、家族が大声で泣いていた。
飼い猫が何かまずい状況から助けてくれたのか。
それとも私の代わりに連れていかれたのか。
まったくわからない。
しかしあの男は、なんであんなに怒っていたのか。
それもわからないままだが、あの「おたふく屋」は現在も営業しており、人気があって
二号店ができるらしい。

彼岸花

祖母は彼岸花が好きだった。

どうやら生前の祖父が彼岸花が好きでいつしか自分も好きになったらしい。

祖父は五年前に病気で他界した。とても気さくな性格で、小さい頃はよく川に遊びに連れて行ってもらっては釣りをしたり水遊びをしたりしていた。

虫捕りなんかもした。そんな祖父を自分も祖母に負けないくらい好きだった。

祖母は彼岸になると仏壇に彼岸花を供える。

「お爺さんの好きな花だったから」とニコニコしながら。

それがタブーと知っていてもだ。

そして決まってその日は仏壇に向かい何か話をしている祖母が居た。

俺は彼岸に帰ってきた祖父と話をしてるのだろうと思い、特に気にもせず祖母にも何を話していたのかは敢えて聞かなかった。

だが今年は少し違っていた。

夜中にトイレに行きたくなり目を覚ます。

階段を降り廊下を歩いていると仏間から声が聞こえた。祖母の声だ。

「こんな夜中に？」仏間に近づく。

すると声は祖母だけではない。男の声が聞こえた。

「親父？　の声ではないな。親戚の誰かでもない……誰だろ？」

静かに少しだけ襖を開ける。

そこには祖母と亡くなったはずの祖父が居た。

二人は嬉しそうに話をしている。

それを見て俺は何故か怖いというより、懐かしさと久しぶりに祖父を見ることができた嬉しさがあった。

そんな二人を見ていると祖父がこちらに気付き、そっと振り向いた。

祖父は満面の笑みを浮かべ俺を見た。

涙が止まらなかった。俺の記憶の中のままの祖父が目の前に居る。

しかし涙を拭い部屋に入ると、そこにはもう祖父の姿は無かった。

「婆ちゃん、爺ちゃんと何話してたの？」

今まで一度も聞くことのなかった質問を祖母に問う。

「お爺さんね、やっとお迎えに来てくれたのよ」

「え？」

何を言ってるのか理解出来ていない俺を横目に、祖母が「もう遅いから寝ましょ」と笑いながら寝室へと行ってしまった。

俺もトイレに来たのを思い出し、慌てて用を足してその日は寝た。

朝、目を覚まし夜中のことを思い出す。

「まさかほんとに迎えに来たんじゃないだろうな！」

そう思いながら慌てて下に降りるが、普通に元気な祖母がそこに居た。

夜中のことを聞こうとしたが、朝食の準備やらで親戚一同で大忙しだったので結局、祖母から聞けずじまいだった。

そして俺たちはまた自分たちの家へと戻った。

その一ヶ月後、祖母も逝ってしまった。癌だった。

ずっと親戚にも俺達にも隠していたらしい。

あの時に言ったことが本当になったのかわからないが、きっと今頃向こうで祖父と再会してまた仲良くやってることだろう。

来年の彼岸には二人の仏壇に彼岸花を供えようと思う。

彼岸花の花言葉は「また会う日を楽しみに」

偽者

あれは僕が小学三年生くらいの頃のこと。

その日は、当時一番仲の良かったA君と、自分の家で遊ぶ約束をしていました。

親は仕事でおらず、A君は十三時に来ることになっていたので九時くらいまで寝ていました。

起きてから一人でテレビを観ていると、インターホンが鳴りました。

誰だろうと思い、出てみるとA君でした。

まだ起きてから一時間くらいしか経っておらず、約束の時間よりすごく早かったので、

「どーしたの?」と聞くと、家にいても暇だったから早く来た、とのことでした。

追い返す理由もないので招きいれて、プレイステーション2の対戦ゲームで遊んでいました。

そろそろ昼食の時間だなと思っていた時、家の電話が鳴りました。

親からかな? と思い、出てみると、

「もしもし? Aですけど」

といつもより低い声のA君からでした。

僕は「えっ?」と聞き返しました。

だって今の今まで遊んでいた相手からの電話だったからです。

A君は「風邪を引いちゃって今日は遊びに行けなくなった」と言います。

「何言ってんの? 今一緒に遊んでたじゃん!」

「えっ? 俺はずっと家にいたけど」

そんなはずはないと、すぐに一緒に遊んでいた部屋へ戻りました。

そこには誰もおらず、一緒にしていたゲーム画面がそのままになっていました。

A君の家は僕の家から二十分くらいかかるので、今までここにいたA君が自宅に戻り僕の家に電話をかけてくるのは物理的にも不可能です。

では僕は一体誰と遊んでいたのでしょうか?

姿や声、話の内容はA君そのものでした。

そのためか不思議と怖いという感覚はなかったです。

その後、親や友達にその話をしても夢だろうと片付けられるのですが、そのはずはありません。

だってゲームがそのまま残っていたのですから……。

A君とは十年以上の付き合いで、いまだに仲良くしているのですが、その間に三回ほど、A君に会ったはずなのにA君に聞くとその時は別の場所にいた、ということがありました。

A君の偽物は同じように歳をとり、僕の前に現れているのです。

当時は怖くなかったソイツですが、今ではすごく怖くなっています。


ドッペルゲンガーってあるじゃないですか。

あれって、自分と同じ姿の人がいて会ってしまうと死ぬっていいますよね？

もしソイツがドッペルゲンガーだとすると、いつかA君と鉢合わせしてしまうかもしれません。

それがすごく怖いです。

誰か同じ体験をした方はいますでしょうか？

やはりあれはドッペルゲンガーと呼ばれるものなのでしょうか？

赤い人

これは僕が二十二歳の夏に体験した話です。

根っからの怪談好きではあるものの、幽霊という存在を一切信じていない僕が、その考えに少し自信を持てなくなった出来事です。


僕は薬学部の四回生でした。ちょうど前期試験を目の前に控えており、単位を落とせば軽音部をやめて学業に専念しろという親の脅しに打ち勝つため大学の図書館が閉まる二十一時まで勉強をして帰る。という日が一週間ほど続いていました。

家に着くのは二十二時半ごろ。

この時期の親父は定年退職した後の再雇用で働いていたのですが、どうもそこでの営業が自分に合っていなかったらしく、いつも以上に疲れが目に見えていました。

そんなこともあり帰宅するなりご飯食べてすぐ就寝。

二十時にはベッドに入っていました。

僕は母の作った夕ご飯を食べて風呂に入り少しゴロゴロしながらテレビを見て……そう

している間に、兄貴が終電で帰ってきます。

僕の兄も薬学部だったのですが、僕の通う大学より倍近い通学時間のかかる大学に通っていました。

一度大学受験に失敗し浪人しているという親に対する金銭的な後ろめたさからか一人暮らしはせず、比較的お金のかからない実家からの通学という手段を取っていました。ですがそれは過酷なものであり九時開始というコアタイム（研究を始めると決まっている時間）に間に合わせるためには六時過ぎには家を出ないと間に合いません。いい研究結果を出すために毎日ギリギリまで研究室にこもり、終電で帰宅。そんなルーティンを繰り返す兄はだいぶ疲弊していたように思います。

そんな兄がこの日、帰ってきてすぐおかしなことを言いました。

「なんか、さっき、脱衣所で赤いものが動いた気がする。なんか気持ち悪い。靴を脱いでる時に視界の端にチラッと見えただけやから勘違いかもしれんけど、なんか人っぽかった」

「もー、気持ち悪いこといわんといてやぁ」

母は笑っていましたが、兄は疲れた表情ながらも真顔。少し嫌なものを見たような感じでした。

僕は「でも実際、人が入ってたら怖いな」と脱衣所に行き確認しましたが、もちろん何もいませんし、そもそも脱衣所に赤いものがない。

この件は、その後一切触れられることなく時間が過ぎていきました。


そんなことがあったのも忘れた頃。

ある日曜に母と親父と僕の三人（兄は日曜でも研究室）で素麺《そうめん》を食べている時に、突然父が、

「今、階段から降りる時、玄関に人が立ってる感じがした」

と言いました。

僕と母は「……これは、この前のアレか？」と思い、詳しく聞いてみると、

「赤い服着てたんかな？　とにかく赤くて人っぽいものがおった気がした。玄関の靴脱ぐところで」

父の言葉に母は少し嫌な顔をしながら、

「この前ユースケ（兄）もおんなじこと、いうてたわ。脱衣所で赤い何かを見たって」

三人とも「きもちわるいな……」と変な空気になっていました。

それでも「疲れて何か見間違えたんやろ！」と気にしないようにしていました。

その一週間後、亡くなった祖父の七回忌があり自宅に坊さんが来ました。

その時にその話を聞いていた祖母が、ちょうどいいとばかりに「ウチの息子と上の孫がなんや変なもんが見えたって言いよるんです」と伝えると、

「あぁ、それ、もしかして赤い服着た女の人じゃないですかね？」

坊さんはこともなげに言う。

僕は「なんでこの人、説明してないのに色、知ってるの？　怖い！」と驚きました。

その後、坊さんはこう続けました。

「その女性はまだお爺さんがご存命だった頃からこの家にいてました。特にこの家系に関係あるだとか、そーゆー人ではないみたいです。害もないみたいですし、誰も見えてへんならあえて言う必要もないかと思いましてね」

祖母は「気持ち悪いから祓って欲しい」と言っていましたが、

「残念やけど僕たちはそーゆー専門じゃなくて。気休め程度の読経くらいしかできません」

と返されました。

まぁ害が無いならいいか、ということで落ち着きました。

が、心霊の類を一切信用してない僕はこれらのことを処理しきれませんでした。

——生活リズムの全然違う親父と兄貴が同じ何かを見た。

そして坊さんはその説明も詳しくしてないのに二人が見たものを具体的に「赤い服着た人」と言い当てた。

そしてそれが今も家の中にいる。霊感のない僕には何も感じ取れないが、たしかにいるのだと言う。

生まれて初めて体験した気味の悪い貴重な体験でした。

それを聞いてから、家にいてもどこか少しソワソワと落ち着かなくなってしまいました。


そしてこの話にはまだ続きがあります。

少し時間が経過してその年の冬、その「赤い服着た人」を見た兄貴と親父がほぼ同時期に体調を崩しました。

兄貴がクローン病（口腔《こうこう》から肛門《こうもん》までの消化器全てに潰瘍《かいよう》や炎症を引き起こす病気）、親父は黄色靭帯骨化症《おうしょくじんたいこっかしょう》（黄色靭帯という脊椎《せきつい》にある靭帯がカルシウムの沈着で骨になる病気）と診断を受けました。

まったく別の疾患であるものの、両疾患とも「難病」に指定されており、薬などである程度寛解《かんかい》するものの完治する方法は見つかっておりません。

あの頃の無理が祟ったと言えばそれまでですが、アレを見た二人がほぼ同時期に難病にかかる、これは偶然なのでしょうか。

普段は怪談をラフに聴いている僕も当事者となると「洒落《しゃれ》にならない。冗談じゃない」と肝を冷やしました。

それらの存在を信じるべきなのかと考えなおすきっかけにもなりました。

なお、診断から四年ほど経過した現在、二人は通院やら食事制限やら面倒くさいし金がかかって仕方がない、とグチグチ文句を垂れていますが元気に生きております。

迎えに来る

今から三年ほど前の実体験です。

当時、歴史好きだった私は某大手通販サイトのとあるショップで、家紋をモチーフにした小さなネックレスを見つけ、購入する事にしました。

それは一見すると家紋だとわからないようなデザインで、花があしらわれ、吊り下げられた小ぶりのビーズが揺れる綺麗なネックレスでした。

普段使いに丁度良さそうだったので、手元に届いてからほぼ毎日愛用していたと記憶しています。日頃は外出時のみアクセサリーを身に着ける程度の私には珍しく、お風呂に入る時以外は常に身に着け、眠る際もそのままにしていました。

ネックレスを愛用し始めてどの位経った頃か、私は悪夢を見ました。正確な内容は覚えていません。しかし何か幽霊のような者がいたことと嫌な感覚だけが目覚めた後も残っていました。

ただ、私は元々よく悪夢を見るタイプですので、さして気には留めていませんでした。

いつもなら天災や事故に巻き込まれたり、恐ろしく高い場所から転落したりといった夢ばかりなのですが、たまには心霊的な怖い夢も見るんだな、くらいにしか考えませんでした。

ところがこの日を皮切りに幽霊の出てくる夢の頻度が増えました。三回に二回は内容も覚えていない幽霊の夢です。どんな人物が出てきたのかも、どういう遣り取りをしたのかもまったく記憶に残らないのに、確実に幽霊がいたことだけは感覚的に理解していました。

更に数日過ぎても、相変わらず頻繁に幽霊の夢を見続けました。やはり内容は覚えていません。が、あることに気づきました。

ネックレスを外して寝た日は幽霊の夢を見ないのです。様子見で外していた数日間はただの一度も幽霊の夢を見ませんでした。

とはいえ、ネットショッピングで手に入れた普通のネックレスです。アンティーク加工が施してあっても紛れもない現代の物で新品、いわゆる大量生産品に近いものでした。

きっと偶然か気のせいだと楽観視した私は、とてもデザインを気に入っていたこともあり、何日か振りにネックレスを着けて、そしてそのまま眠りました。

夢を見ました。

私は職場の倉庫で一人、商品の在庫チェックをしているところでした。倉庫に隣接した売場からは同僚達の声が聞こえてきます。楽しそうなお喋りというよりは、不安げな騒《ざわ》めきのようでした。

私のいる倉庫に同僚の女性Aが入ってきます。彼女が私に言いました。

「あのね、これから迎えに来るんだって」

「え？　誰が誰を迎えに来るの？」

思わず私は聞き返していました。Aは困り切った表情をしています。

「迎えに来るのはYさん。誰を迎えに来るのかは、わからない」

今度はこちらが困る番でした。Yさんという人物が誰を迎えに来るのか知らないけれど、どうせ私には関係ないし……みんな仕事しようよ。そう思っていました。

再び在庫チェックに戻ろうとする私に、倉庫の入り口近くに立っていたAが声をかけます。

「……来た。Yさんだ」

Aに促されて面倒くさがりながら渋々倉庫を出ると、そこに売場はなく、がらんとした会議室のような場所でした。部屋の入り口とは反対側の壁に沿って、同僚たちが十数人、一列に並ばされています。

「何これ？」

列の中ほどにAと並びながら、異様な光景にひそひそと反対隣の同僚Bに尋ねました。

「探すんだって。迎えに来た相手を、これから」

は？　相手もわからず迎えに来るってこと？

全然意味がわからない。Bの方を向いたまま呆気に取られる私の視界の端、ドアの小窓に人影が映り、静かにドアが開けられました。

反射的にそちらを向いた私は絶句しました。

部屋に入ってきたのは鎧兜《てつかぶと》を被った白骨です。

並んだ同僚たちはみんな一斉に下を向き、顔色を悪くしていました。その様子に構うことなく、鎧兜の白骨はカシャカシャと小さく鎧《よろい》を鳴らしながら、列の一番端に並んだ同僚の正面に立ちました。

俯く同僚の顔を下から覗き込むようにしているのは、相手を確認しているからなのでしょうか。皮膚も肉もない剥き出しの骨には、当然眼球も入ってはいないというのに。
二、三秒置いてゆっくりと顔を上げた白骨は、隣の同僚の前に移動します。そしてまた、先程のように俯く相手の顔を下から覗き込んでいました。
徐々に、私の番が迫ってきます。

ここに至ってようやく、私は自分が身に着けているネックレスの存在を思い出し、遅まきながら危機感を抱きました。

怖いというより、マズイことになった、と思いました。

しかし幸運にも、私の二人ほど前の同僚の顔を白骨が確認している最中に、すっと私の目は覚めました。普段は忘れてしまう夢なのに、なぜだか今日は全部覚えています。

思わず枕元に置いてあるノートパソコンで、Yという名前を検索しました。

Yは、実在の人物でした。

非常に有名な武将の重臣として、長くその家に仕えた方のようです。私の着けていたネックレスの家紋は、Yの仕えた家の家紋でした。

ただし現在その家の家紋は変更され、当時の家紋は使用されていません。

私はその日からネックレスを着けて眠ることをしなくなり、幽霊の夢も以来一度も見ていないのですが。

今この話を書き込んでいる私の腕に鳥肌が立って消えません。冷房もつけていないのに背筋が寒いです。

これって、まだネックレスが私の手元に残っているからなんでしょうか。

ラブホテル

元彼女に聞いたラブホテルの話。

霊感の強い元彼女は、過去に二度ほどラブホテルで恐怖体験をしたそうだ。

部屋に入りすぐに有線放送をかけしばらくすると、音楽が聞いていられないほどのノイズに変わった。

入室時から嫌な雰囲気を感じていたので彼氏を説得し、すぐさま部屋を出た。

階段を上り部屋に入るタイプのホテルだったが、扉を開け階段を下りると、階段の途中にうつむいている黒髪にボロい洋服姿の女が立っていた。

怖かったが、彼氏を怖がらせないため普通に女を避けて下りる自分に対し、彼氏は女を避ける素振りもなかったそうだ。


別のラブホテルに泊まった日の話。

事を終え、眠りについた深夜二時頃のこと。

突然、部屋の扉が開き、老婆が入ってきた。

老婆は、玄関付近にあるトイレやお風呂のあたりで何かを探しているようであったが、数分して静かにいなくなった。

彼氏と一緒に固まって声も出せずにいたが、しだいに腹が立ってきてフロントに連絡をした。

「おたくの清掃のババアが部屋入ってきたんやけど、どーなってる?」

と言うと、

「申し訳ございません。お代は結構ですので……」

という話になった。思えば、入ってきた音も出て行った音もしなかったという。

どちらのホテルも心霊の噂を聞くところではないのだが、見える人からするとあまり関係ないようだ。

兄の白い女

ある夜、だいたい二十三時ごろだったと思います。

二階の自室から一階に下り、そのまますぐ目の前のキッチンへ行きました。

当時あった冷蔵庫は扉が鏡のようになっていて、自分の全身、背後、下りてきた階段が映っています。

いつもみたいになんとなくそこを見て立ち止まりました。

たった今、下りてきた階段の二段か三段上に人が立っています。

ありがちな話ですが、白い女で顔は見えず、こっちを向いているような気がしました。

そのまま静かにキッチンをでて奥にある母の部屋へ行き、スマホを借りて兄に電話をしました。

あの女の人を見たときなぜか、すごく兄が気になったからです。

これはただの勘なので説明できません。

数回かけて、やっと電話にでた兄は息が切れていて、何か急いでいるような感じでした。

「待って、後でかけ直す！」

そう言ってすぐに切ろうとする兄をもう一度呼んで引き止めてから、何をしているのか聞くと「地元の心霊スポットで先輩と肝試しをしている最中、白い女に追いかけられて逃げてきたところ」と、説明してくれました。

きっとその女の人なんだろうと思い、

「家に来てるよ」

と伝えたらめちゃくちゃ文句を言われ、兄は何日か帰って来ませんでした。

それからたまに、その白い女を見かけます。

兄が寝ている部屋の扉に頭をぶつけていたり、兄がお風呂の時は脱衣所の外で立ちつくしたり……。それを見かけても、害があるかなどは私にはわからないし、また怖がらせてしまうので兄には黙っています。

それから七年くらい経ちますが兄は元気です。

去年、兄は婚約者と二人暮らしを始めました。

先日、母とその家に遊びに行ったのですが、あの白い女は廊下の隅の方に立っていました。

今もまだ、兄について回っているようです。

蚊

これは友人から聞いた話です。

夜、布団に入って寝ようとしていたら、ぷーんと蚊の羽音が聞こえてきたそうです。

あるあるですよね。

電気を消した途端に蚊の羽音。

ぷーん、ぷーん……

音は大きくなったり小さくなったりしながら、友達の顔周辺を行ったり来たりしています。

手で払うとしばらくは音が消えるけれど、またすぐにぷーんと戻ってきます。

頭まですっぽり布団をかぶるとさすがに暑いです。

このままじゃ眠れないし、何より絶対に刺されると思った友人は、起きて蚊を叩こうと目を開けました。

薄暗い寝室。

目を開けた自分の顔の鼻先に無表情な男の顔があり、

「ぷーん」

と言っていたそうです。

友人はそのまま微動だに出来ず、目を閉じました。


ここからは私の話です。

その話を聞いた夜、布団に入った私の顔の周りを蚊が飛んでいたんです。

ぷーん、ぷーん、ぷーん……

あれ、蚊……ですよね？

幼稚園を追い出された話

私は、幼稚園を追い出されたことがある。

理由は、「ずっと泣いていて面倒を見きれない」からだった。

私がずっと泣いていた理由。

幼稚園には、怖い女の人がいた。

乱れた長い髪に、どす黒く汚れたワンピースを着た女の人。

顔色は青白く、常に口から血を滴らせていて、怒りに満ちた禍々しい形相で、いつも私を見ていた。

その女の人が怖くて、私はいつも泣いていたのだ。

登園の際には門の所に立っている。

先生に注目しなければいけないときは先生のそばにいる。

トイレに入ると、個室の上部から覗いている。

お絵描きをしていると、画用紙と私の間に仰向けに割り込んでくる。

私を心配して、幼稚園の近所に住む知り合いが様子を見に来てくれるのだが、当然、その時はその知り合いの傍に立って睨んでいるのだ。

そうして、私は幼稚園にいる間、ひたすら恐怖に慄《おのの》き泣いていた。

その女の人は、私にしか見えていないようだった。

二度ほど先生にその旨を訴えたことはあるのだが、まったく相手にしてくれなかった。

でも、両親には言わなかった。

両親にまで否定されるのがとても怖かったからだ。

結局、両親が幼稚園に呼び出され、医者に相談した方がよいとかなんとか言われた挙句、退園となった。

幼稚園の門を出た時、振り返って見た教室の窓辺に、女の人がいた。

いつもの表情とは違い、ニヤ～とした表情をしていた。

その後、医者にも連れていかれたが、「神経質なところはあるが、特に病的な問題は無い」とのことで、しばらくして別な幼稚園に通いなおすことになった。

新しい幼稚園では、まるで人が変わったように明るく、元気な日々を送った。

両親は、そのあまりの変わりように首を傾げたが、なにより、元気に幼稚園ライフをエンジョイしている我が子を見て安心しているようだった。

あれから何十年経った今でも、あの時の恐怖が心に留まっている。
「女の人」と書くのは、呼び捨てるような書き方をするとなんとなく怖いからだ。
今行っても、睨《にら》まれるのだろうか……。
絶対、行かないけれど。

Sトンネル

私の地元にはSトンネルという、明治時代に竣工した古いトンネルがある。

私が中学生の時、中年の先生が「大学時代に肝試しをした思い出」を話していたため、心霊スポットとしても長い歴史があるようだった。

また「白い着物の女がでる」「昔亡くなった作業員の姿が見える」「車で行くと悪いものが憑いてくる」など、そのトンネルの噂話は高校、大学と進学しても知らない人はいなかった。


二年前の夏。

大学生だった私を含む五人のグループでSトンネルに行こうという話になった。特に深い理由はなく、夏だから心霊スポットに行こう、と軽いノリで提案されたものだった。

その話を持ち出したのがKだったこともあり、私を含む五人はKの車でSトンネルへ向かった。

私は、先述した「車で行くと悪いものが憑いてくる」という話を知っていたが、山の中心にあるようなSトンネルへ向かう手段は車かバイクに限られているため黙っていた。

トンネルに着いたのは深夜一時頃。

周りに街灯はほとんどなく、唯一車のヘッドライトだけがその道を照らしている状態が続いていたため、車内は不安を消すように無理に明るい話題で盛り上がっていた。

しかしその会話も、トンネルを眼前に捉えた途端、途切れることになる。

Sトンネルは Kの車では通行できないほど道幅が狭く、尚且つトンネル内に明かりがなかった。どこまで続くのか目視できないこのトンネルを通るには車を降りていかなければならない。

トンネルの怪談といえば「窓の外に女の顔が映った」や「車のボンネットに無数の手形が付いていた」というものを想像していたため、車を降りることになった途端、私は帰りたくなっていた。

しかし、この中で唯一大して怖がる様子を見せなかったKがスマホのライトをつけて一番に車を降りたこともあって、私たちは渋々それに続いた。

トンネルの中はさして特別な感想は出てこなかった。

とにかく暗く、狭く、怖い。

Kを一人先頭にし、残りは二列で続いた。

私は最後尾の右側を歩き、スマホの明かりで主に自分側の壁を照らしていた。

自分たちの足音に時々驚きながら百メートルほど進むと、Kが突然口を開いた。

なんでも、Kは時々バイクでこのトンネルを通るのだという。

さすがに昼から夕方の間にしているらしいが、壁にスプレーの落書きがあったり空き缶が落ちていたりするところからして、ある程度、人の通りがあるのだと見ている、と言っていた。

だからといって心霊スポットと噂されていることに変わりはないが。

大方、そのようなことを話していた。

「おいっ！」

Kの話を遮るように、突然トンネルの奥からそんな大声が聞こえた。

若くない、男性の声ということしかわからない。

私たちは突然のことで驚き、その場で立ち止まる。

次に聞こえたのはこちらに向かってくる足音。

ザッザッザッザッとコンクリート上の砂を踏む音を聞くに、走ってきている。

その瞬間、私の隣にいた友人が一目散に反対方向へ逃げだした。

それを皮切りに私と二列目の友人、最後にKという順でそれに続く。

私も叫び声などは出せず、息を止めて全速力で走った。

心臓は今にも止まりそうだった。

最後尾のKが「すいませーん！」と叫んでいたことは覚えている。

その後、急いで車に乗りこみ、まったく焦らずに車を出すKに怒りを覚えながらそれぞれの家路についた。


後日、Kから聞く話によると、あのトンネルの出口のすぐ近くに一軒の民家があり、普通に人が住んでいるらしい。

いつかKがトンネルを通った時、たまたま外にいた家主に話を聞いたのだそうだ。

この地域では有名な心霊スポットなだけあり、私たちのように深夜に肝試しにくる人が後を絶たないのだという。そういう家主は不機嫌そうな、うんざりした顔をしていたらしい。

あの夜、私たちが騒いでいたことを聞きつけて、注意しようとしていたのではないか、というのがKの見解である。

私自身「何か連れてきたのではないか」とかなり怯えていた節があったので、その説明に安堵してこのSトンネルに行ったことすら一つの思い出として風化していた。

この話を思い出して、恐怖したのがつい三週間前。

現在一人暮らしを始めたKから、アパートの前で深夜に「おいっ！　おいっ！」と叫び声をあげ続ける見知らぬ男性が月に数回出現する、という連絡を受けたからだった。

腕の長い女

これは、友人から聞いた話です。仮にAさんとします。

広島市内にあるJRの線路のとあるガード下で、彼女に起こった出来事だそうです。

会社で営業をしているAさんは、その日、仕事が上手くいかず、夜遅くまで電話営業をしていたといいます。

深夜になって、Aさんはやっと帰宅をすることに。

会社から自宅までは、約一キロ。

いつも歩きで通勤していましたが、その途中に問題のガードがありました。

その夜、Aさんがそこを通ろうとした時、雨が降り始めたそうです。

濡れるから急ごうと小走りにガード下に入ったAさんでしたが、ガードの向こう側に誰かいることに気がつきました。

こんな夜遅くに女性?

最初、Aさんはそう思い、いぶかしく感じたといいます。

それだけでなく、その女性は、何かがおかしいことに気がつきました。

灰色の汚れたワンピースを着た女性の両腕が、異様に長い。

その腕の先は、膝下をはるかに超えた位置にあったそうです。

しかも女性は、ゆっくりゆっくり、ふらふらと、だんだんAさんに近づいて来ているようでした。

Aさんは、あまりの恐怖に動けなくなってしまったそうです。

そんな時、Aさんの後ろで……

「どうかしましたか?」

ふりかえると、それは警察官でした。

こんな夜中に女性一人が立ち止まっていることを不審に思って、警察官は声をかけたようです。

Aさんは、安堵して腕の長い女性のことを知らせようと、ガード下の先を指さしました。

しかし、あの腕の長い女性は、もう消えていたそうです。

あれが一体何だったのか?

Aさんは、あれ以来、その女性を見ていないそうです。

羊

これは小学校の時の話。

私の小学校は開校十年ほどの比較的新しい学校でした。

そんなことも関係してか、よくある学校の怖い話というものがありませんでした。

それをつまらなく思った私と友人数人は、自作の「学校の七不思議」を作って広めようということにしました。

その内容はまあ小学生らしく、渡り廊下に出る幽霊だとか、音楽室で勝手にピアノが鳴るだとかありがちなものでした。

そして七不思議の最後、七個目は他六つの不思議をすべて体験すると、良くないことが起きる、というものでした。

いざ七不思議を話してみると、皆怖い話に飢えていたのか、噂は瞬く間に広がっていきました。

噂が広がるにつれ七不思議の内容に尾ひれがついてきました。

といっても話の根幹は変わらず演出が大げさになったものがほとんどなのですが、その中でも一つ明らかに内容が変わったものがありました。

七不思議の最後、七個目の話です。

この変わった内容というのは、夜中三時に校舎の中に羊が現れて、見た人に悪いことが起きる、というものでした。

この話だけあまりにも突拍子もなく内容が変化していたので私たちは不審に思いました。


それから数ヶ月後、一緒に七不思議を考えた友人のひとりが大怪我をして、私は病院にお見舞いに行きました。

幸い命に別状は無かったのですが、友人は見舞いに来た私を見るなり言うのです。

「俺、見たんだ。怪我をする前の日の夜、学校で羊を見た！　夢の話ではあるんだけどさ、気づいたら夜の学校の中にいたんだよ。シーンとした学校の中を歩いてくんだけど図書館に入ったところで、上の方からなんか気配がしたんだよ」

ちなみに私の小学校の図書館は吹き抜けになっていて、頭上には二階の渡り廊下が橋のようにかかっている。

「それで、渡り廊下をふっと見上げたらでかい羊がこっち見てんだよ！　俺そいつと目ぇあっちゃってさ、そいつが俺の顔を見てにやぁっと笑ったんだよ！　ほんとこう、人間みたいに！　んでそいつが階段の方にゆっくり歩いてくのが見えてさ、まずいこっち来る、と思って急いで玄関に猛ダッシュしたんだよ。途中階段の方から狂ったような笑い声が聞こえてきてさ、もう無我夢中で走ったんだ。いざ玄関につくと鍵が開かなくてさ、気づいた時には奥の廊下から、ゆったり羊が歩いてきてるんだよ。

だれ？　私、君、あなた、え？　だれ？　きみ、まって？　ちょっと、ダメだよ、きみ、え？　っていう風に二十歳くらいの高めの男の声で訳わかんないこと言いながら、体を左右に揺らして四つん這いの羊が。

もう怖くて必死で玄関ガチャガチャやってたらギリギリのとこで鍵が開いて、そこで目が覚めた。時計見たら夜中の三時だったんだ。多分俺、あれに捕まってたら大怪我じゃ済んでないと思う」

にわかに信じ難い話でしたが、私が小学校を卒業するまでに怪我や事故にあった友人の何人かは口を揃えて同じ内容の話をしました。

ゆっくりと変な間で区切った意味の無い言葉を言いながらでかい羊が追いかけてくる。見つかるのは決まって図書館。

夢から覚めると夜中の三時だった。

これは全員に共通した内容です。

小学校を卒業してからはぴったりとそんな話は聞かなくなりましたが、あれは一体なんだったんでしょうか。

私の友人は皆それから逃げきれていましたが、もし捕まっていたらどうなっていたのか、そもそも羊の噂はどこから広まったのか、今となってはわからないことです。

おもちゃ部屋

これは、私が幼少期に体験した話です。確か、四、五歳くらいの時だったと思います。

小さい頃住んでいた祖父の家には、いつもおもちゃを置いている通称「おもちゃ部屋」がありました。

私には一つ上の姉がいるのですが、姉妹揃ってその部屋が大好きで、暇な時やおもちゃでおままごとをしたい時など、いつもそこで二人で遊んでいたのを覚えています。

私は外遊びの方が好きだったので、四日に一回ぐらいしか行っていなかったのですが、今でもどこにどんなおもちゃがあったのか鮮明に覚えています。

祖父の家は広いのですが、そのほとんどが物置や倉庫のようになっていて使えず、母、私、姉が一緒に寝られるスペースがあまりありませんでした。

それで、どこが寝室にいいか、いろんな部屋にみんなで布団を持っていって寝てみる、ということをはじめました。

いろんな部屋を転々とし、寝られる部屋はほぼすべて試したと思います。

そして最後に、私たちが大好きだった「おもちゃ部屋」で寝てみよう！　ということになりました。

「おもちゃ部屋」が大好きだった私と姉は大喜びで、ウキウキで寝床に入ると、明日は何をするか、起きてすぐにおもちゃで遊ぶか、など子供らしい会話をしながら、疲れて寝てしまったそうです。

「おもちゃ部屋」で寝て、三日目の夜中のことです。

夜中、ハッと目が覚めて、そこから目が冴えてしまいました。

何も見えない暗闇の中「怖いから、一緒に寝て？」と言い続けると、「なぁに……」といかにも眠そうで不機嫌そうに返事をするお母さん。

その声と暖かい空気がある方に進んでいって、抱きかかえられながら安心して眠りにつきました。あぁ、これで朝まで大丈夫だ、と。

でも、朝起きると一緒に寝ていたはずのお母さんがいない。

顔だけ動かして探すと、姉が寝ている布団に移動してぐっすり寝ている母がいました。

それを見て何故か苛立った私は、お母さんの布団から出て姉の布団に行き、姉と母の間に割って入り、いい気分になったのを覚えています。

そして さぁこれからもう一眠りをしようと、自分の足にかかっている毛布と手から、視線を動かして部屋の左端を見た瞬間、人が立っているのがわかりました。

しかも、明らかにおかしいんです。

大げさな着物姿の女性（のちにそれが十二単《ひとえ》とわかりました）が手をだらんとぶら下げて立っている。とても長い髪の毛が少し乱れているのが見えました。

さらにちらりと見える手や顔が、ペンキを被ったように真っ赤なのに、綺麗に重ねられた十二単の布地や少し乱れている髪の毛は、シミ一つないのです。

何よりおぞましかったのが、全体が赤黒くなった顔と、その中にぽっかりと空いた、吸い込まれそうな黒い口と目――。

丸く見開かれた目はこちらを見ているようで、口は「あ……お……あ……」とうめき声のような声を漏らしながら、もごもごと動いています。

一瞬で凍りついた私は、ただその亡霊のような十二単の女の人を見ているだけだったのですが、スススーッと、足も体も一ミリも動かさずそのままの姿でこちらに移動してきた瞬間にハッとして「動かなきゃ！」と思いました。

お母さんも姉もぐっすり眠りこんでいる。お母さんが起きるまで、どこかに隠れなければと思い、隣の襖を開け、その先の物置部屋に勢いよく滑り込むと、そっと閉めました。

これで追いかけてこない！　そう思ったのです。

が、目の前の襖をすり抜けて、顔をこちらへ向けたまま五十センチくらいまで近づいて来て――。瞬間、頭の中で何かがプチッと切れて、大声で叫びました。

「ギャアアアアアアアアァアアアアアアアアア」

女の人が顔に触れるか触れないかのギリギリで立ち上がると、襖を開け放ちアルミ製のドアを開けては閉め、走り、ドアを開けては閉めて走り、長い長い廊下を駆け抜けて、コタツのある部屋まで、恐怖と、不安と、得体の知れない存在から逃げて駆け込みました。

視線を上げた時、先に起きていたらしい祖父と祖母が目をぱちくりさせながら「どうした〇子や、今日は早いなぁ？」と話しかけてくれました。

ここから、ぷっつりと記憶が途絶えています。


多分、鮮明に、確実に覚えている記憶の中で、一番古い小さい頃の思い出は、少々遺憾ではありますが、これだと思います。

他にも私は、恐怖体験というか、心霊体験が子供の頃は多かったそうで、おもちゃ部屋で寝始めた一日目と二日目のことは覚えていないのですが「変な夢を見た」とか「ドアを開けた先に般若《はんにゃ》がいる！」などと言っていたそうです。

あとから聞いた話では、おもちゃ部屋兼物置だったあの部屋は、母が小さい頃、牛小屋だったらしく、生き物を飼っていたから、淀んだものが寄ってきたのではないか、と。

祖父の家は大好きですが、私のこの体験の他にも、家族全員に心霊体験があったりします。

夜は狸《たぬき》ぐらいしか寄り付かない田舎ですが、やっぱり、一人での留守番や静寂に包まれる夜はどうしても怖いです。

まだいるよ。

これは先月、私の身に起きた話だ。

仕事に休暇をもらい、たまには旅に出ようと思い、都会に行った。

買い物をメインでしたかったため、ホテルは少々ケチってカプセルホテルに泊まった。

昼間に買い物も済ませ、夜飯も外で食べ、カプセルホテルにチェックインした。

フロントから「部屋は×二八です」と言われ、番号のある部屋の階へ上がり、フロアを一周して自分の寝る部屋を見つけた。

部屋は上と下の二段になっており、私は下の部屋だった。目の前にはロッカーがある。

今回は平日だったのもあったのか、あまり人はいなかった。

風呂に入り、疲れていたためすぐ寝ようと思った。カプセルの部屋の入口側を頭にして、奥に足を向けて横たわる。頭上の入口のカーテンを閉めて就寝した。

私はいつもイヤホンを付けて寝る。音楽をかけているわけでなく、外音を遮断するためだ。

しかしこの夜、イヤホン越しでもわかる何かの音で目が覚めた。

時間は深夜二時頃。暑いということもありカーテンを少し開けていたのだが、外から何かが聞こえるのだ。

片耳のイヤホンを外すと、明らかに普通ではない獣の声のような声が聞こえてきた。


「おおおおおおおおおおおお……」


なんかヤベー奴が来たのか、こんな大声出すなら誰かオーナーかだれか注意するだろ、そんなことを思った矢先、右足が何者かに掴まれたかのように痛んだ。

しかも動かすことが出来ない。

そして、その獣のような声はだんだん大きくなってくる。その何かは近づいてくるのだ。

カプセルの外の床は絨毯が敷いてある。そこを足を引きずりながら歩いている。

その声が一層大きくなった。すぐそばを通っている。

その後、声は少しずつ遠くなっていった。しかし、しばらくするとまた近づいてくる。

どうやらその何かは、このフロアをグルグルと回っているようだった。

声が遠くなったところで「ガチャンガチャンガチャン」と、何かを揺さぶるような音が聞こえた。

たぶんロッカーを揺らしているのだろう。

声を上げながらロッカーを揺らし、そして近づいてくるのだ。

その時、私はカーテンの方に振り向けずにいた。

体が瞬間的に振り向いてはいけないと言っているようで、私もこれは人間じゃないと思っていた。

そして片耳だけのイヤホンを両耳にし、震える手で音楽をかけた。

少し心が安らいだがそれもつかの間だった。

「おおおおおおおおおおおおおお……」

という声が、今まさに、頭の後ろからするのだ。

寝返りなんて打ったら目の前にいるだろう距離。

もうやばい。

イヤホンをしていても聞こえてくる声に、消えろ消えろ……と心で叫び祈っていたが、そいつはすぐ外にある私のロッカーを揺らし始めた。

ガチャンガチャンガチャンガチャン!!

これだけうるさければ、他の寝ている人も注意するだろうというレベルだ。

それがどれだけ続いたかわからない。


まだいるよ。

気づいた時にはロッカーを揺らす音も声も聞こえなくなっていた。

なんだったんだと思い、時計を見ると四時を少し過ぎていた。

「とりあえず、いなくなったっぽいから寝るか」

落ち着いたのでホッとしたら――。

「まだいるよ」

すぐ後ろから、その声が聞こえた。

全身に鳥肌が立ったと思うところで、気づいたら周りから支度する音が聞こえ、目が覚めた。

その日はとりあえず実家に帰り、次の日に霊感のある友人に話した。

友人はこう言った。

「お前が見たやつは多分、そこに住みついてる霊だな」

そして私が喋ろうとした時、それを遮るかのように友人が続けてこう話した。

「お前、右足になんか異常あったりするか？」

まさにそれを話そうとしたところだった。

「異常はないけど俺さ、右側ばっかり怪我するんだよな。あ、そのカプセルホテルに泊まった時も右足が痛かったな」

友人は「はぁ……やっぱりか」と何かを察したようだった。

「お前のさ、右足に女が憑いてるんだよ。髪の長い、赤い服の女が縋り付くようにニタニタ笑いながらお前の足に憑いてる」

それを聞いて鳥肌がたった。

「冗談だろ」と言いつつも、少し心当たりがあった。

なぜそいつが右足に憑いているかわからないが、実家で寝ている時、夜中に金縛りにあったことがある。

その時、部屋のドアから、赤い服を着た長い髪の女が歩いてくるのが見えた。

何故か目を閉じることもできず、見ている前をドンドンとそいつは近づいてくる。

そして私の目の前にくると、髪を垂らした顔を近づけこちらをジーと見ている。

そして、いつの間にか朝を迎えていたのだ。


友人にそれを話すと、彼は憶測でこう語る。

「お前に憑いてるその霊は、強い執着心があると思う。だからお前のカプセルホテルにいたと思われるナニかもそいつに気づき、途中で消えたんだと思うぜ」

まだいるよ。

私はその話を聞かされて泣きそうだった。

しかし仕事もあったため、次の日には仕事に行った。

赤い服の女を引きずりながら。


私はまだお祓いしていない。

あれ以降、自分の身にまだ何も起きていないが、早くお祓いには行こうと思う。

友人は、早く仕事の休みをもらってお祓いしてもらえよ、と私に忠告する。

「その霊、少しずつ、上ってきてるぜ」

タイヤ

僕が大学生だった時に、同じサークルの友人から聞いた話。

この友人の兄・Aさんは社会人だ。当時、昇給もして貯金もだいぶ増え、生活に余裕が出てきたので、住んでいたアパートからマンションに引っ越すことにした。

初夏の頃である。

理想のマンションは、職場に近く家賃も手ごろで、花火がよく見えるところだった。

Aさんは、大の打ち上げ花火好きで、夏の花火大会は何があっても予定を合わせて見に行くほどだった。住んでいるマンションから打ち上げ花火が見られたら最高じゃないかと思ったのである。

Aさんは理想の部屋を見つけるべく、不動産屋巡りを開始した。

しかし「この条件ではちょっと厳しいですね。もうちょい家賃を出していただかないと、こういう条件はちょっと無理だと思います。駅にも近いし、ここら辺は花火が見える分、値段も高いので厳しいですね」と、いきなり無理だと突っぱねられてしまった。

ほかの不動産屋に行っても似たようなもので、Aさんも半ば諦め気味になってきた。

だが、ふと（そうだ、最後にあそこ行ってみよう）と閃いた。

「あそこ」とは、Aさんの大学生時代の友人であるBが働いている不動産屋のことだ。久しぶりにBのヤツにも会いたいし、あいつならなにか裏の情報とか知ってて、安く紹介できる物件があるんじゃないか、と思ったのだ。

善は急げとばかりにBが働いている不動産屋に向かった。

事務所に入ると、正面ドアの近くの席で仕事をしているBの姿が目に飛び込んできた。すぐにBも気がつき「Aじゃないか」と、久しぶりの再会を喜んでいた。

しばらく互いの近況などを話したのち、Bが「ここに来たからには物件探しに来たの？」と聞いてきた。

いよいよ本題である。

Aさんもそこで初めて椅子に腰かけ「実はそうなんだよ。引っ越しをしようかと考えてるんだけど――」と希望する条件を伝えた。

すると、Bもほかの不動産屋同様に「いやー、そりゃあ、ないだろう」と半ばあきれたような返答をする。しかし、すぐに何かを思いついたようで、事務所の奥へ向かった。

しばらくすると、なんのラベルも貼られていない重そうなファイルを持ってきた。

その怪しげなファイルを見てAさんは「テレビでよく見るような、いわくつき物件ファイル」を思い浮かべた。

Bはペラペラとページをめくったのち、「あ、そうそう。ここここ」と物件情報を指差してきた。「ここがね、あれよ。お前が求めてる条件そのままの物件よ」

見ると、まさに思い描いていたような物件だった。会社からも駅からも近く、二十階建てのマンションの十三階の部屋。ここからなら毎年夏に見ていた大好きな花火大会がよく見えるだろう。まさに理想の部屋であり「これめちゃくちゃいいじゃん」と、思わぬ掘り出し物件にテンションが上がった。

だがひとつ気にかかることがある。家賃の安さと明らかに釣り合っていないのだ。ほかの不動産屋ではにべもなく断られた条件の物件がこんなにあっさり出てくるなんて、少し、いやかなり怪しい。

Aさんは思い切ってBに聞いてみた。

「ありがたい情報なんだけど、これ怪しくないか？　なんかこれラベルも貼られてないし、いわくつき物件ファイルなんじゃねぇの？　よくテレビで見るじゃん、こういうの」

するとBは「ふふっ」と笑って「実はね、そうなんだよ」と返してきた。

「じつはこの物件な、前に三人の人が住んでるんだよ。どれもみんな独身の男性なんだけど、夏頃になるとみんな出て行っちゃうんだよね。なんでも、その部屋には毎年の夏に打ち上げ花火が上がる瞬間に、女性の幽霊が出るらしいんだよ。お前、打ち上げ花火好きだろ？ で、こういう物件好きだって言うから、ちょっと思い当たったんだけど、まぁ確かにこの部屋はよく打ち上げ花火が見える。でも、その花火の瞬間に女性の幽霊が出るんだよ」

悪い予感が当たってしまった。そうおいしい話なんてあるわけないのだ。

Aさんは茫然としていたが、Bは意外にも紹介する気満々なようで「まあちょっと近いし、見に行ってみないか」と内見に誘ってきた。見るだけならとついていくことにした。

そのマンションは、不動産屋から目と鼻の先にあった。歩いてわずか一分ほどだ。

外観は新築かと思うほどにピカピカに綺麗で、エントランスの装飾も豪華。

芸能人でも住んでいるんじゃないかと思うほどだ。

Bが鍵でエントランスのゲートを開け、ふたりでエレベーターに乗った。十三階に着いて扉が開くと、目的の部屋はその目の前にあった。

さきほどの話を聞いていたAさんは、少し緊張していたが、Bは「ここここ」と呑気に言いながら鍵を開けて中に入っていく。

覚悟も決まらぬままBについて部屋に入ると、驚いた。長い廊下の左右に複数の部屋があり、とても綺麗だった。リビングも広く、キッチンも現代的なデザインである。リビングには大きな出窓があり、その向こう側にベランダがあった。ベランダからの眺めはとてもよく、打ち上げ花火もよく見えそうだ。

この景色を見た瞬間にAさんは「よし、俺ここにする」と惚れこんでしまった。

「さっきの話、聞いてただろ。ここ花火大会の時に女性の幽霊が出るんだ。本当にお前それでいいのか？」

Bは聞いてきたが、Aさんは決心を固めていた。

「いやーまぁいい！　もうこの景色を毎日見れるんだったら、しかも打ち上げ花火もここから見れるんだったら、俺はもう何が出ようが満足する！」と。

その後も「大丈夫か」と念を押されたが、そもそも霊感もないし大丈夫だろうと思い、その日のうちに契約した。


Aさんはそのマンションに引っ越した。住み始めてみると、とくに何事もなく快適に過ごすことができた。

なんだ、何も出ないなぁ。そっか、花火大会の時に出るって言ってたっけ。

などと思いながら生活していたが、だんだんとその女性の幽霊の話も忘れていった。

やがて住み始めてから二か月ほどが経った頃、花火の季節がやってきた。

待望の花火大会の当日、待ちに待ったAさんは酒やつまみを買い込み、朝からワクワクしていた。

ベランダで打ち上げ花火を見ながら、ビールとつまみを楽しむ最高の時間を過ごそうと思ったわけだ。

そして夕刻になり、Aさんは部屋の照明を落とすと、ベランダに出した椅子に腰かけた。涼しげな夜風の中、ビールを開けゴクゴクと飲みながら花火が上がる瞬間を待つ。

ほどなくして一発目が打ちあがった。待ちに待った大好きな花火である。めちゃくちゃ綺麗だ、ほんとこの物件に来てよかったと、感無量だった。ビールやおつまみも進み、上質な時間を満喫できた。

最後の一発が終わり、辺りが再び静寂に包まれる。期待以上の満足感に、しばらく余韻に浸っていたが、ほどなくしてリビングへ戻ろうと、意識を後ろにある出窓へ向けた。

ファサ、ファサ、ファサ、ファサ
妙な音が聞こえてきた。どうやら出窓のガラスの向こう側、部屋の中から聞こえてくる。

一定のリズムで鳴る謎の音。

――花火大会の時に女性の幽霊が出る。

ふとBが言っていた話が脳裏をよぎった。すっかり忘れてしまっていたが（そうだ、幽霊出るじゃんこの部屋）と意識した途端に怖くて仕方がなくなってきた。

まさか、この音はそうなのか。女性の幽霊が何かをしている音なのか。

Aさんは恐る恐る後ろを振り返った。


窓ガラスを通してリビングが見える。

その中央辺りに、女性と思しき人影があった。

その人影は宙に浮いていて、こちらに向かって縦に回転している。

その髪の毛がとても長く、回転するたびに髪がAさんの目の前の出窓のガラスに当たり、ファサっと音を立てていたのだ。

（うーわ！　やっぱり本当に幽霊出るんだ！）

頭の中ではそう思ったが、あまりの衝撃と恐怖感に身動きひとつ取れなかった。

でもその間も、女性らしき人影は、フンフンフンフンと縦に回転しながら、窓ガラスに髪の毛をぶつけてきている。

Aさん曰く、その光景は、まるで自動車のタイヤのようだったそうだ。

しばし呆然としていたAさんだったが、ほどなくして我に返った。

依然として女性は回転している。冷静に考え、部屋の照明を点ければ撃退できるのではと思い至った。この出窓は二枚のサッシが重なる引き戸式で、その女性が髪の毛を当ててきているのは、左のガラス戸だ。そのため右のガラス戸を静かに開けて中に入り、リビングの照明のスイッチにたどり着こうと考えた。

Aさんは右のガラス戸をそっと開け、リビングに忍び込む。

横目で窺うと、その女性はいまだ回転を続けている。こちらに見向きもせずになおも激しさが増している。

まともに近くで見てしまったので、ゾワリと鳥肌が立った。必死に自我を保ちつつ勇気を振り絞って、リビングを移動し照明のスイッチに手をかけた。

パッと明かりが点いた瞬間、音が消えた。見れば、もう誰もリビングにはいない。やはり照明を点ける方法は成功だった。よかったと、どっと安堵した。

その瞬間――。

ピーンポーン。

インターホンが鳴った。不意の音に（なんだよ、びっくりさせんなよ）と内心でぼやきつつ、インターホンのモニターを見た。

ドア前に男性が三人、横並びになっているのが映し出されている。異様なのは、彼らはみな一様にニッコリと笑いながら、こちらに手を振っているのだ。

ゆっくりと、バイバイをするかのような手つきで。まるでAさんの姿が見えているかのようにカメラを見ながら手を振っている。

それを見た瞬間、恐怖の限界を迎えて、Aさんは無我夢中で寝室に逃げ込んだ。女性の幽霊を見て、部屋にいたくないという気持ちもあったが、ドア前に謎の三人も怖くて外にも出られない。さっさと寝てしまおうと思ったのだ。

精神的な疲れからか、ほどなくして深い眠りに落ちた。


翌日、部屋は何事もなかったかの様子を取り戻している。だが、この部屋にはもういられない。とりあえず紹介したBのところへ行って、「とんでもない物件だったぞ！」と報告しなければならない。

急いで支度をして、そっとドアを出た。昨日の三人の男性はいなくなっていた。

エレベーターで降り、そのまま不動産屋へ向かう。

不動産屋に入ると、Bが以前と同じように手前のデスクに座っていた。

「おお、Aじゃないか、久しぶりだな。また何か月ぶりだな、そこの部屋に住み始めて」

そう呑気に言ってきたのでAさんが、

「いや出たんだよ。あの部屋出た！」

と、すぐさま異常事態を知らせた。すると、Bはぽかんとした顔をして「いや何が？」と言う。

「いや何がって、あそこの部屋、やっぱりお前が言うとおり女性の幽霊出たんだよ」

Bは「嘘だろ」と動揺している。話が噛み合っていない気がして問い質したところ、Bは衝撃的な告白をした。

「いや、あの話さ。全部、俺の作り話だよ。だってそうだろ。お前がその打ち上げ花火をよく見えるところを求めてきたから、花火大会の日にその女性の幽霊でるって言ったら面白いかなと思って、ちょっと言ってみたんだよ」

Aさんは何がなんだかわからなくなった。

昨日の花火大会の夜に、現実に出たのだ。頭のなかにいくつものクエスチョンマークが浮かび混乱していると、Bがまたあのファイルを持ってきた。ラベルのない、あのいわくつき物件ファイルだ。

「ここな、じつは俺の親戚のおじさんが買い取った場所でさ、そのおじさん今、海外に住んでるから、このマンションの部屋は誰も使ってなかったんだよ。でも誰かが住まないと家っていうのは錆びるっていうのがおじさんの主張だから、まあ安くてもいいから誰か信頼できる人に部屋を貸してもらえないか、みたいな感じで頼まれてたんだよね」

そして住んでくれそうな人を思い浮かべていた時、たまたまAさんがやってきたという。

つまりおじさんの物件をただ紹介しただけなので、いわくつきの物件ではないというのだ。ただAさんにとっては、どんな事情にせよ、もうあの部屋には住みたくない。

「もうとにかく、あの部屋怖いから引っ越しさせてくれ」

泣きそうな勢いで言ったところ「わかったわかった」と渋々Bも応じてくれ、業者の手配などをやってくれた。Aさんは急いで別の物件へと引っ越した。


それから数年が経過するにつれ、Aさんにとってあのマンションでの出来事はだんだんと過去のものになってきた。

恐怖のために脳裏には深く刻み込まれていた経験だが、やはり時間とともに風化するものだ。仕事の方も順調で何不自由ない生活を過ごしていた、その矢先。

Aさんのもとに同窓会の招待状が届いた。見れば、大学の時のそのサークルの招待状だった。このサークルにはBも在籍していたので、久しぶりに会って、ついでにあの物件のことも改めて聞いてみたいと思い、同窓会に参加することに決めた。

当日、Aさんは久しぶりに会うサークル仲間と思い出話に花を咲かせていた。

だが会場を探してもBさんの姿がない。近くにいた友人に「ねぇねぇねぇねぇ、今日B来てないの？」と聞いたところ、Bは仕事が忙しくて来られないということを知った。

「そうなんだ。あいつ、仕事が忙しいんだね」

「ああそうだな。あいつな、今小学校の担任やってるじゃんか。今なんかテスト作んなきゃいけないとかで、来られないんじゃなかったかな」

Aさんは少し面食らった。不動産屋から小学校の担任になるなど想像もつかなかったからだ。あまりのギャップにその友人に聞いてみた。

「でもさあ、あいつ不動産屋に勤めてたじゃんか。いつ頃から小学校の担任とか、そういう教職についたの？」

「いやお前、何言ってんだよ。あのBはさ、ずっと大学のときから先生になるための資格を取るためにさ、色々頑張ってたじゃんか。卒業前に小学校に勤務することが決まって、みんなで喜んだじゃん。なんか、祝杯みたいのもあげたじゃんか」

（え……？）

Aさんは思った。

Bは確かに不動産屋にいた。実際に物件も紹介されたし、二か月もそこに住んでいたのは事実だ。Ａさんはひどく混乱しながらなおも食い下がった。

「いやいやいやいや、俺数年前にさ——てかＢ、不動産屋勤めてたんよね。その時にさ、物件紹介してもらったんだぜ？」

「いや、お前こそ何言ってんだよ。あいつ大学卒業してからずっと、小学校勤務じゃんか。不動産屋に勤めたことなんか一度もないぞ、あいつ。今でも俺、連絡取ってるけどさ、ほらほら見てこれ。前に、Ｂが担任しているクラスの写真送ってきてくれたんだよ。見てみ」

Ａさんはそのクラスの集合写真を見てまた驚いた。笑みを向けながら並んでいる小学生たちの一番前の列の真ん中のところに、担任の教師が座る位置がある。

「この担任がＢなんだよ」

友人に言われて見た。

そのＢの面相は、Ａさんが記憶していたＢの顔と違っていた。まったくの別人だ。

Ａさんは混乱の極みにあったが、隣の友人の態度も嘘をついているふうでもない。

（じゃあ、あの不動産屋で会ったＢっていうのは？　そして自分の記憶の中にあるＢは、あれは一体誰だったんだ？　そのＢに紹介してもらったあのマンションって一体何なんだ？）

結局、そのまま同窓会が終わって、その友人からBの連絡先を聞いた。だが、Aさんは今でもBに連絡をするのが怖くて、連絡を取れずにいる。

「もし連絡を取ってみて、自分の記憶のBと違う人物が連絡してきたら、あの記憶は何だったんだろう？　あの体験は何だったんだろう？　っていうのが全部こんがらがってしまいそうで、今でも怖くて出来ないんだ」

夫婦ともに

納棺師《のうかんし》――人の死を一番側で見続ける仕事。最後を見送るその前に、ご遺体を綺麗にして化粧を施すおくりびと。

そんな納棺師の仕事をしている友人と仕事の話している時に、彼がぽろっと「本当の死因は違うんじゃないかなぁ」と寂しそうに言ったことがありました。

僕はすかさず「え？　どうしたの」と聞きました。

ある日、老夫婦のお宅で依頼があった時のことでした。

亡くなったのは老父婦どちらもで、まずおばあさんのご遺体を綺麗にします。

着替えさせて、化粧をして、おばあさんのご遺体は綺麗になりました。

そして次におじいさんのご遺体を綺麗にしていきます。

その時、最初の違和感を覚えました。

お葬式の準備をしている最中でのお化粧ですので、親族や参列者が何人か居るのですが、みんな、亡くなったおじいさんを見ながらヘラヘラ笑っているのです。

「なんで笑っているのだろう？」そう思いながらおじいさんの顔を覗き込みます。

そこで二つ目の違和感です。

納棺師はある程度、死因というのを聞かされるのですが、おじいさんの死因は階段からの転落死ということでした。

ですが、おじいさんの顔は階段から落ちた傷とは到底思えない、右目の上、ちょうど眉毛の上あたりから鼻、そして唇の左端にかかるぐらいの頬の位置まで、ボコッと凹《へこ》んでいるのです。

そして、服を着替えさせるために脱がせてみると、青痣《あおあざ》や傷が沢山あります。

納棺師の経験上、階段から落ちて亡くなった人の顔、体の傷ではない。

何回か見たことある、鉄パイプや角材で殴られた傷だと思いました。

ですが、死因は階段からの転落死。そしてこのヘラヘラ笑っている親族や参列者。

怖くなってすぐに仕事を終えて事務所に戻りました。

そして本日の現場のことを所長に話しました。

「あそこはさ、ある宗教の信者なんだよ。参列者もその宗教の信者ばっかりなの。その宗教、年に三件くらいあるんだよ、夫婦ともに亡くなることが」

と教えてもらったそうです。人の死に寄り添うからこそ、わかってしまう「知らない方がいいこと」もあるんだなと思いました。

山のノート

友人が体験したちょっと奇妙な話です。

その友人はある夜、いい感じになった女性と地元の夜景を見にある山へ行きました。

山の上の駐車場に車を停めました。

そこからでも夜景は綺麗に見えるのですが、人が多くていい雰囲気になれないのです。

「そういえば山の上に資料館があって、そこの屋上からもっと綺麗に夜景が見えるよ」と言って女性を誘います。

二人きりで綺麗な夜景を見るには駐車場から歩いて少し山を登り、資料館の屋上に行った方がいい。そうしようと思い、連れてきた女性と一緒に山道を歩き始めました。

途中に神社があるのですが心霊スポットとして有名で、友人の狙いはそこでした。所謂《いわゆる》「吊り橋効果」を狙っていたのです。

恋愛に効く神社だからと適当なことを言い、その神社の中に入りました。

夜の神社というだけで怖いのに、ましてや地元で有名な心霊スポット。

女性は案の定「怖い怖い」と言っていたそうです。

怖さはもうピークなのでいい頃合いだと思い、神社に置いてあった訪れた人が思い出を書き残せるノートを見つけて、

「じゃあノート見たら屋上いこう」と言いながら、ノートをめくっていると、最近書かれたあるページに目が止まりました。

「えっ⁉」

思わず声が出てしまったそうです。

そのページには相合傘《あいあいがさ》と自分の名前、そしてその時連れて来ていた女性の名前が書かれていて、女性の名前が上から乱雑に黒い線で消してありました。

何故?

混乱したそうですが、女性には見せないようにノートを閉じると、屋上へ向かいました。

資料館の屋上へは、外階段を上るのですが、彼が先に上り始めた時、上から誰かが降りて来ました。

真っ暗な中、しばらくしてようやくその人物が誰なのかがわかりました。

別れたばかりの元カノだったそうです。

実は友人は今連れて来ている女性と出会った時にはまだ彼女が居て、その女性と付き合いたいからと、酷《ひど》い別れ方をしたばかりでした。

ヤバイと思った友人は「人が居るからやっぱりやめよう」と何とかごまかし、駐車場まで急いで戻りました。

駐車場を密かに見回しても、元カノの車はありません。

かと言って歩いてこんなところにくるはずもなく、あれは元カノの生き霊だったのか、本物の元カノかはわからないそうです。

そしてあのノートは何だったのか。

ちなみに元カノはその女性の名前や顔も知らないはずなんだそうです。

待避所の公衆電話

友人の母、Aさんから聞いた話だ。

Aさんは元来より霊感と呼ばれるものを持っており、度々ちょっとした心霊現象によく遭っていた。

そんなAさんが通勤の時にいつも気になっている、ある公衆電話があるのだという。

国道の路肩、トラックの待避所になっている場所に佇むその公衆電話は、いつも通る度になんとなく気になると言うのだ。

とはいっても、何かを見たとか聞いたという話もなく、ただAさんが気になっている、というだけの話だが。

ただ、通る度になんとなく嫌な感じがするのだ、とAさんは言っていた。


ある日の仕事帰り。Aさんはその国道を通っていた。

日はすっかり暮れ、繰り返される街灯の明かりだけがポツポツと単調に続く。

他に明かりなどない田舎の国道であるため、いつもAさんは少し早めに飛ばして帰るそうだ。

気がつくと、大きなカーブに差し掛かった。件の公衆電話はこのカーブを越えた先に現れる。

ふと、カーブの途中に佇む広告看板の下に目が移った。

歩道と道路を隔てるガードレールの下に、薄っすらとなにかが見えた。

遠目でははっきりとわからなかったが、近づいてみるとそれが花のようなものだったとわかった。

丁寧に包装された菊の花のようだったという。


不思議に思ったと同時に、Aさんはハッとした。

そして、花が置いてあるこのカーブが終わり、暗闇に浮かぶ公衆電話が視界に映った。

普段は目を逸らすはずだが、何故かこの時は目を離せなかったという。

いけない！　とは思いつつも、その真横を通り過ぎるまでAさんの目は釘付けになった。

そして目で追えなくなると、今度はバックミラーに視線を移す。

反射された公衆電話はゆっくりと遠ざかっていき、しかし不気味な余韻を残したまま視界から消えてゆく。

別段、何かが見えたわけでもなく、Aさんはホッと一息をつく。

いつも嫌な感じがしていたのは気の所為《せい》だったのかもしれない。

今まで避けていたのがなんだかバカらしくなった。

と思った矢先、突然けたたましい音を立てて携帯が鳴った。

驚いたAさんが反射的に画面を見ると、液晶に表示された文字は「非通知」だった。

嫌な予感はしたものの、仕事の電話だったら後で困ると思い、恐る恐る出てみたそうだ。

相手はしばらく無言だったのだが、Aさんがもしもし、と声をかけてみると、

「今、見たよね？」


女性の高い声でそう聞こえ、ブツリと切れてしまった。

安心もつかの間、全身が粟立ったAさんは携帯を放り投げ、全速力で家まで帰ったという。

その後、Aさんが公衆電話の真横を通る時、そちらには絶対に目線を合わせない事にしたのは言うまでもない。

四隅

幼馴染《おさななじみ》のKから聞いた話だ。

幼少期、Kは自室で寝るのがどうしても嫌だったという。

Kの実家は、彼の語るには古くから改築を続けてきた家で、お世辞にも綺麗な家とは言えないかもしれないが、古き良き日本家屋の面影が残る、風情ある家のようだった。

部屋数もそんなに多くはないのだが、田の字型のように和室の連なる部屋がいくつかあった。

小学校高学年になり、自分の部屋を分け与えてもらえることになり、その和室をそれぞれ、仏間、両親の部屋、自分の部屋、と使っていたそうだった。

自分の部屋として使うことになったその和室は、元は兄が使っていた部屋だったが、中学受験を控えた兄が勉強に集中したい、との事で二階の部屋に行くことになり、自分が使えるようになったそうだ。

隣り合った和室と和室の間にはガラス製の欄間《らんま》があり、寝転ぶと欄間がよく見える位置だった。

寝付けない時、Kはよくその欄間をぼーっと見ていることが多かった。両親が点けている豆電球の小さな明かりが漏れていたり、虫が飛んでいたり、なんとはなしに眺めていると、自然と眠気が襲ってくる。

そうすると瞼《まぶた》が重くなり、目を閉じて寝る体勢に入る。だが、この後が問題だった。

先程まで見ていた欄間のあたりから、物音が聞こえるというのだ。

最初は家鳴りの程度のものだったが、日に日に音が増えていくという。

家鳴り、衣擦れ、引っ掻くような音、足音……果ては何かが落ちたような大きな音まで。

だが、そんな時に驚いて目を開けても、部屋の中はなんともなく、誰もいないのだという。


ある日、いつにも増して物音が酷い日があった。

前までは音に間隔があり、しばらく静かになったりしたものだったが、その日は休みなく色々な物音が続いた。

恐ろしくなり、その日は目を開けることなく朝まで過ごした。

次の日になって兄に事の次第を伝えてあれが何なのか聞いてみても、兄は別段変わったことのない様子であっけらかんとしていた。

兄は逆に、Ｋに聞いてきた。

「お前、アレが見えてないのか？」

アレとは何の事だと聞くと、兄はしばらく黙り込み、考えてから言った。

「……今日、一緒に寝てみるか」

そうしてその日の夜は、兄と布団を並べて床に就くことになった。

二人して無言のまま、欄間を見ながら横になった。兄は何も言わない。自分も口を開かない。

耳が痛いくらいの静寂の中で、時計の針の音だけが響く。

――どれくらい時間が過ぎただろうか、Ｋは突然の物音に目を覚ました。

鴨居に引っ掛けてあったカレンダーが落ちたような音だった。

気づいてすぐに目線をやると、横にいる兄も同じ方向を見ていた。

そして二人の目線の先、欄間の上、天井の角。

奥の部屋から漏れる豆電球の小さな光が影になって見えにくいが、薄暗い天井の隅に確かにそれはいた。

声が出なかった。

一息でもすれば聞かれるような気がして、呼吸を浅くする。

固まったままそれを見ることしか出来ないKを差し置き、それは動き出した。

まるで虫のような細かく俊敏な動きで、今いた南東の角から南西の角へ、ガリガリと天井をひっかきながら。

その動きの途中、自分たちの部屋の豆電球に照らされたそれを、Kは確かに見たという。

真っ黒に焼け爛《ただ》れた皮膚、ありえないほど細く、長い手足。ギラッと反射する二つの目玉。

その目玉が一瞬こちらを見たような気がして、Kは飛び上がりそうになる。

人間のようなものだった。

それがさらに南西の角から北西の角に、さらに北東へ……と、凄い勢いでぐるぐると回っているのだ。

そして、それが天井を這い回る度に、箪笥の上から、床の間の掛け軸と、物が落ちる。

物音の原因は、それだったのだ。

Kが悲鳴を上げそうになった瞬間、兄が電気の紐をパチンパチンッと二回引っ張った。

電灯が明滅するその一瞬で、真っ黒の人間はいなくなっていた。

「な、言っただろ」

兄はそれだけ言って、自分の部屋へと戻ってしまった。

その日は怖すぎて、両親とともに寝たのだという。

以来、Kは自分の部屋で寝ることを嫌がったが、どういうわけか兄と一緒に寝たその日以降、音は聞こえてもそれは見えなかったらしい。

Kはこれを、一緒にいた兄に原因があるのではないか、今度兄に会ったらまた聞いてみたい。と言って話を締めた。


この話を聞き終わり、Kと別れるまで切り出せなかったのだが、この話には不可解な事がいくつもある。

まず、彼は幼少期より団地住まいのはずで、一戸建ての古い家になど住んでいない。

小学校高学年の頃の話なら確実だ。K以外の友達と一緒に彼の家に遊びに行ったこともある。

そしてもう一つ、彼は一人っ子で、兄など存在しないのだ。


Kは一体何の話をしていたのだろうか、何故急にこの話を語ろうと思ったのか。

彼の兄は何者で、天井を這うものの記憶はどこから生まれたのだろうか。

残念ながら、その後に至る記録は無い。

収録作リスト（投稿作品は収録において若干の加筆修正がされています。ご了承ください）

Pホテル	書き下ろし	ごまだんご
踏切	書き下ろし	ごまだんご
サークル合宿	書き下ろし	TOMO
ネタ作り	書き下ろし	TOMO
向こうからの呼び声	書き下ろし	りっきぃ
しつこいノック	書き下ろし	りっきぃ
笠の人	書き下ろし	りっきぃ
窓のにょにょ様		YJMKradioclub
ぶらさがり		ごまだんご
CA		ko-ko
角女		りっきぃ
テレビ局		あにだんご
プリクラ怪談		ぐるりん
高速道路		村咲いろ
たまとり		りっきぃ
教室の穴漁り		まー
にせもの		らふらんすぴ
私と三分の一ほど、かぶっていました		レイン
街灯の下、土手の下		さむらいも
髪を落とす女		イケピノ
僕の覚醒。姉の声で		ワンダ54
感触		ミノカサゴ
父からの忠告		降谷幽助
空室清掃		ジャッククリスピン

代わり		ぱりんこ
下校途中		K
来訪者		葵
這いずる		ぬこ
ざくろ		ジョーセフ
連れてきた霊が連れていった話		真合流
彼岸花		nissy
偽者		シム
赤い人		薬師のハタカワ
迎えに来る		桜野
ラブホテル		tim
兄の白い女		サクラモチ
蚊		ぐるりん
幼稚園を追い出された話		さむらいも
Sトンネル		サマ
腕の長い女		木本葵
羊		シャバ
おもちゃ部屋		ぱらぴろぷー
まだいるよ。		ペガサスシラス
タイヤ	書き下ろし	ごまだんご
夫婦ともに	書き下ろし	TOMO
山のノート	書き下ろし	TOMO
待避所の公衆電話	書き下ろし	りっきぃ
四隅	書き下ろし	りっきぃ

Horror Holic School
怪奇な図書室

2020年9月4日　初版第1刷発行

著者　ごまだんご、りっきぃ、TOMO／編
発行人　後藤明信
発行所　株式会社 竹書房
〒102-0072 東京都千代田区飯田橋2-7-3
電話03(3264)1576(代表)
電話03(3234)6208(編集)
http://www.takeshobo.co.jp
印刷所　中央精版印刷株式会社

定価はカバーに表示しています。
落丁・乱丁本の場合は竹書房までお問い合わせください。

ISBN 978-4-8019-2384-3 C0193

購入者特典映像

下記、QR コードからアクセスいただくと、『Horror Holic School 怪奇な図書室』購入者限定の〈ごまだんご、りっきぃ、TOMO が語る未公開スペシャル怪談朗読動画〉がご覧いただけます。

Horror Holic School（ホラホリ）とは、ごまだんご、りっきぃ、TOMO の三人を中心に運営されている怪談投稿サイトである。

https://www.horrorholicschool.com

ごまだんご

YouTube チャンネル「ごまだんごの怪奇なチャンネル」にて怪談を主としたオカルトな話を朗読。YouTube チャンネル登録者数は8万人を突破。オカルト話投稿サイト「Horror Holic School（通称ホラホリ）」を TOMO・りっきぃと設立、運営。怪談最恐戦 2019 ファイナル進出。文庫『怪談最恐戦 2019』にて怪談語りが収録。

りっきぃ

「季節を詠む怪談朗読」として YouTube チャンネル「りっきぃの夜話」で怪談を朗読。俯瞰的で冷たい印象の朗読で人間心理の奥にある根源的恐怖心をくすぐるような怖さを心掛けている。「Horror Holic School」運営。怪談最恐戦 2019 東京予選出場。

TOMO

豊橋で YouTube チャンネル「THC オカルトラジオ（通称オカラジ）」を運営。Kimura（キムラ）、K-suke（ケースケ）とともに怪談朗読、怪談考察、心霊スポット探索などのラジオ動画を投稿。ほかにも未解決事件や都市伝説を扱っており、日本の未解決事件シリーズがもっとも注目されている。「Horror Holic School」運営。動画配信のほか、イベントなども開催。